每股收益的质量

投资者了解公司真实盈利状况的指南

[美] 桑顿·L.奥格洛夫 Thornton L. O'glove 著 马林梅 译

QUALITY
OF EARNINGS

The Investor's Guide to How Much
Money a Company is Really Making

中国青年出版社
CHINA YOUTH PRESS

图书在版编目（CIP）数据

每股收益的质量：投资者了解公司真实盈利状况的指南 /
（美）桑顿·L.奥格洛夫著；马林梅译.
—北京：中国青年出版社，2023.1
书名原文：Quality of Earnings: The Investor's Guide to How Much Money a Company is Really Making
ISBN 978-7-5153-6674-6

Ⅰ.①每… Ⅱ.①桑…②马… Ⅲ.①上市公司—会计报表—会计分析—指南 Ⅳ.①F276.6-62

中国版本图书馆CIP数据核字（2022）第094015号

每股收益的质量：投资者了解公司真实盈利状况的指南

作　　者：［美］桑顿·L.奥格洛夫
译　　者：马林梅
责任编辑：肖　佳
文字编辑：步欣旻
美术编辑：杜雨萃
出　　版：中国青年出版社
发　　行：北京中青文文化传媒有限公司
电　　话：010-65511272 / 65516873
公司网址：www.cyb.com.cn
购书网址：zqwts.tmall.com
印　　刷：大厂回族自治县益利印刷有限公司
版　　次：2023年1月第1版
印　　次：2023年1月第1次印刷
开　　本：787×1092　1/16
字　　数：189千字
印　　张：13
京权图字：01-2021-6900
书　　号：ISBN 978-7-5153-6674-6
定　　价：59.00元

谨以此书献给会计界的良心

亚伯拉罕·J. 布瑞洛夫（Abraham J. Briloff）教授

和伦纳德·斯帕切克（Leonard Spacek）

CONTENTS **目录**

ACKNOWLEDGEMENTS 致谢

  撰写本书的一大乐事是可以向多年来一直在概念和执行上支持《收益质量®报告》（*Quality of Earnings® Report*）服务的人表达我诚挚的谢意。在灵感的提供方面，我要感谢安达信公司（Arthur Andersen & Co）前董事长伦纳德·斯帕切克（Leonard Spacek）、纽约市立大学巴鲁克学院（Bernard M. Baruch College of the City University of New York）伊曼纽尔·萨克斯（Emmanuel Saxe）会计学特聘教授亚伯拉罕·J. 布瑞洛夫（Abraham J. Briloff），以及第一曼哈顿公司（First Manhattan Company）前研究总监，也是首位被任命为会计原则委员会（the Accounting Principles Board）成员的证券分析师大卫·诺尔（David Norr）。这些年来，他们为了更有效地开展财务会计改革积极活动，对我的研究也产生了极大的激励作用。

  我也想借此机会向巴鲁克学院的会计学教授利奥波德·A. 伯恩斯坦（Leopold A. Bernstein）致敬。他撰写的具有里程碑意义的财务报表分析教科书让我受益匪浅，助我采用了最新的财务报表分析方法。

  非常感谢布莱尔公司（Blair & Co.）前研究总监弗雷德·兰格（Fred Lange）和斯托尔珀公司（Stolper & Company）的投资顾问威尔玛·J. 恩格尔（Wilma J. Engel）早年间对我的鼓励。他们一直对《收益质量®报告》的概念评价很高，并鼓励我继续探究下去。在此过程中，我很幸运地遇到了德雷福斯公司（Dreyfus Corp.）的投资组合经理唐纳德·杰戈里安（Donald Geogerian），他就《收益质量®报告》的服务提出了独到的见解和建设性的批评。

  没有沙因曼、霍克斯汀和特罗塔公司（Scheinman、Hochstin and Trotta）的前研究总监阿尔弗雷德·金根（Alfred Kingon），就不会有《收益质量®报告》服务的问世。他认为这项服务是（投资者）迫切需要的，而且是可行的，因此专门聘请我来编写收益质量报告。在收益质量报告的概念被塑造和推广时，他的公司正陷入财务困境，但他的继任者拉斐尔·亚夫尼（Raphael Yavneh）仍不忘对我提供宝贵的支持。

感谢《商业与金融纪事报》（*Commercial and Financial Chronicle*）前总编、现任《市场纪事报》（*Market Chronicle*）总编西德尼·布朗（Sidney Brown），当我想发表与财务会计话题有关的文章或评论时，他总是愿意为我提供平台。

感谢曾与我合作了十来年的罗伯特·奥尔斯坦（Robert Olstein），他帮助我进一步完善了《收益质量®报告》服务，而且，在他的努力下，这一报告引起了机构研究人员的重视。

最后，诚挚地感谢盖尔·温里布（Gail Weinrib），从《收益质量®报告》服务创立至今，她一直担任我宝贵的行政助理；感谢乔–安·马西（Jo-Ann Masi），多年来，她一直作为关键的管理角色，提供了有价值的服务；还要感谢杰基·金尼（Jackie Kinney）和埃伦·福尔克（Ellen Falk），她们在本书手稿的抄写和编辑方面提供了不可估量的帮助。

桑顿·L. 奥格洛夫

投资者都想掌握一套神奇的选股方法，一套指示何时买入和卖出的清晰信号。似乎每一位花了些时间观察市场的分析师都写过相关的图书。

首先申明，我的这本书可不一样。公司通常会发布报告和一些其他的文件，以符合证券法的规定并与股东沟通。而我的书正是提供了一种明智的方法来阅读和使用这些报告和文件。我相信，对这些材料进行有理有据的分析可让有见识的投资者得出自己的结论，进而独立做出买卖决策。

我要说的内容并不复杂。不过，尽管大多数分析师都承认训练的重要性，但真正完成训练的人却很少，因此，掌握少量的基础性技巧就有可能让你胜过金融界一些受追捧的专业人士。

我讲得有些超前了，让我们往回拉一点，从我的个人履历开始吧。

20世纪50年代，我在旧金山州立大学（San Francisco State University）金融专业学习，这似乎预示着日后我将开启股票经纪人的职业生涯。果不其然，我毕业后在一家场外交易经纪公司工作了几年，然后进入了沃尔斯顿公司（Walston & Co.），在其旧金山的办事处做了3年的股票经纪人。

当时正是新股发行热潮席卷华尔街的时期，大多数经纪人都被卷入了其中，但我觉得这股狂潮令人烦恼。我在翻阅招股说明书时意识到，许多公司只不过是有一个浪漫的名字，勃勃的雄心，以及一群渴望着股票发行并想从中获利的经纪人。当他们（至少有一段时间）乐在其中时，我沮丧地看着这一切，想知道平时很精明的人怎么会把自己辛辛苦苦挣来的钱投资于不了解的股票上的。

答案其实很明显：他们没有阅读招股说明书。因此，我当时得到的一点启示是，真正的知识在短期内可能无关紧要，特别是在情绪化的市场中。然而，一段时间之后，当狂热消退时，更加现实的价值观就会重新确立。因此，当看着一些投资者成倍增持了某些股票时，我不得不承认自己内心也在羡慕他们变得如此富有。而且又过了一段时间，即使是那些赞同我分析的人也确信他们所持的股票是真正的宝贝了。不过最终，许多人都赔得很惨。

我不清楚他们从中学到了什么。但我得到的教训是，信息和知识是无法被替代的，市场是不完美的"野兽"，不能反映与证券有关的所有已知信息。而且，虽然投资者可通过分析清楚地了解公司的运营状况，但投资者无法通过分析预知明天早上的股价走势。此外，大多数投资者（和分析师）都不清楚企业是如何报告带有虚假成分的收益数据的，在他们看来，数字就是数字，他们愿意就此打住，不再深究下去。早在听说"收益的质量"这个词之前，我就知道它是做出有意义的财务分析的关键因素之一。

不幸的是，当时还没有人分析收益的质量。而且就我所见，直到今天华尔街也没有人会把精力集中于此。一个重要的原因是，分析收益的质量得出的结论通常是负面的（我会一次又一次地谈及这一点）。大多数投资者宁愿"杀死"信使，也不愿考虑信使带来的信息。

假设一家公司报告的每股收益是2.00美元，你可以仔细研究一下这个数字。若实际的每股收益是2.50美元，你认为首席执行官有任何理由低报这一数字吗？显然没有。但他有可能夸大收益数据，例如将每股收益从1.50美元夸大为2.00美元，这样做可以使他执掌的公司的业绩看起来比实际情况更出色。

正如前文所说，我很快发现，我的大部分研究带来的都是坏消息而非好消息。有谁想听坏消息呢？答案应该是：被委托管理大量资金的受托人。他们只能从分析师那里获得乐观的报告，所以也想了解事情的另一面。换句话说，专业人士应该搜寻坏消息，而业余人士可能只想听到关于他们所持股票的最好消息。我的客户经常对我说："你不必告诉我一只股票有多好，有十几位分析师会告诉我这类信息。我们被所有正面的信息突袭，想听到你的不同看法，表明其他人可能是错的。"

几乎从一开始，我就不相信任何管理层说的话，我的研究进一步巩固了这一观点。我想，对于一个日复一日地研究公司账簿，知道会计师为了让账簿上的数据更漂亮会如何做手脚，以及公关写手们会如何用文章来掩饰公司存在的问题的人来说，有这种感觉是很自然的。我一直怀疑管理层在试图隐瞒什么。他们想在掩饰之下做什么呢？我常常这样问自己。我会从最坏的情况出发考虑问题。

很多时候结果都不会令我失望。当然，如果我没发现什么见不得人的秘密，当一切看上去都正常时，我就不会再说什么了。而如果我的分析表明，公司的实际状况要比大多数人想象中的好得多，我也会明示出来。

20世纪60年代初，我有了很多的领悟：尽管我意识到自己生成的这类信息可能会有高度成熟的市场，但我花了好几年的时间才得以施展拳脚。

在沃尔斯顿公司工作期间，我专门研究各个公司的招股说明书，从中寻找被隐藏的"宝石"，或者是可以卖出或应该避免买入的股票。因为这些招股说明书的篇幅很长，很少有经纪人会花时间去阅读它们。因此，我的结论是，通过从头到尾仔细阅读招股说明书，你可以在市场上获得一些优势。顺便说一句，在机构对市场的主导程度远远超过20世纪60年代的今天，这一点仍然成立。

为了深入学习证券分析知识，我离开了沃尔斯顿，进入加利福尼亚大学商学院（University of California Graduate School of Business）深造，这是我一生中经历的最重要的教育阶段之一。当我提交学位论文时，我学到了求学生涯中最重要的一课。我研究的主题是投资税收抵免，它有两种不同的报告方式，我认为只有更保守的那种报告方式是准确的。我的论文指导老师是一位会计学教授，他不同意我的观点，给我打了B，这让我很失望。

我就这一主题采访过会计界的传奇人物伦纳德·斯帕切克。他之前是会计原则委员会的成员，也是会计行业最杰出的人士之一，还是各种会计实务的大评论家。1956—1969年，他在全国各地发表了168次演讲，不辞劳苦地为建立合理的会计制度奔走呼号。

我采访斯帕切克时，他是安达信公司的董事长。他支持我论文中的研究结论并建议我将其发表，对此我感到非常高兴。随后，他给我寄了一张支票以帮我支付将论文印刷和装订成册的费用，之后他拿走了200份供自己使用。

1967年，我获得工商管理硕士学位后在美国银行（Bank of America）谋得了一个分析师的职位，但工作进展并不如我预期的那样顺利。我负责分析金融类股票，提出了抛售一些股票的建议，这与有些古板的信托部门提出的建议背道而驰。当时没有人在美国银行里制造麻烦，我却这样做了。简单地说，该银行有一份已获批准的股票清单，信托部从这份清单中选股，清单里股票的增删必须得到一个高权力投资委员会的批准，而这个投资委员会的成员包括该银行的一些高层。我的上司就是信托部门的负责人，他话里话外的意思是，我不应该深入研究银行持股的收益质量，因为这样做意味着有错误，这将很难建立银行对信托部门的信心。当时的我有点天真地认为，批判是我的本职工作，但事实并非如此。6个月后，我被解雇了，理由是我不具备作为一名证券分析师的资格。我得重新找工作了。

这其实是我人生中最大的突破。为什么这么说呢？因为要是我还在美国银行工作的话，恐怕就会随波逐流了。但被解雇后，我对"相反意见"这一概念的兴趣更加浓厚了。我的经历清楚地证明了这一事实：当幻想符合人们坚持的观点时，他们更喜欢幻想而不是现实。现在仍然如此，要改变人们的投资观念依旧非常困难。站在美国银行外时，我必须承认，自己忽然意识到，只有找到那些愿意倾听坏消息并据此采取行动的人，我才会有用武之地。

最后我轻松地找到了一份新工作，这次是在纽约的霍恩布洛尔和威克斯公司（Hornblower, Weeks）。得到这份工作与我的教育背景和工作经验无关。牛市开启了，分析师比较短缺，这在很大程度上帮助了我。在霍恩布洛尔和威克斯公司，我几乎分析了所有感兴趣的公司和行业。

1968年1月，我有幸遇见了纽约市立大学巴鲁克学院的会计学教授亚伯拉罕·J.布瑞洛夫，他当时正在纽约证券分析师协会（New York Society of Security Analysts）发表演讲。他演讲的题目是"权益结合法会计处理造成的扭曲"。从本质上讲，布瑞洛夫批评了与企业集团大肆收购有关的会计处理方法。在他的启发下，我明白了权益结合法下的会计处理是如何使公司之间的收益比较变得不切实际的。

布瑞洛夫教授也是一位多产的作家，他发表了许多文章谴责会计行业内允许的各种夸大公司收益的做法。布瑞洛夫在学术领域所做的事情与伦纳德·斯帕切克担任安达信公司高管时所做的一样。直到今天，斯帕切克和布瑞洛夫的精神仍然激励着我，我一直把他们二位视为会计界的良心。

1968年，我进入了布莱尔公司，成了一名特殊情况分析师。布莱尔公司承销了一只有特许经营权的股票，这一点起初很吸引我。我写了一份积极的研究报告，在报告中给出的建议是买入这只有特许经营权的股票以实现资本增值。但是，在完成这份报告之后，我改变了想法，又写了一份给出消极建议的报告。这让发行股票的公司总裁勃然大怒，他在电话里吼道："我真不敢相信你们这帮人在做什么？你们怎么能针对承销的股票发布卖出报告？我们1年前才在你们的操作下上市！"斥责之声不绝于耳，结果是我们不再是该公司的投行了。这家公司后来的确经营不善，和许多相似的公司一起消失不见了。

值得称赞的是，尽管我写的这份"卖出"报告导致布莱尔公司失去了作为那家拥有特许经营权的公司的投行资格，布莱尔公司却从没有因此而斥责我。然而，我的报告造成的后果让我大为震惊，我意识到自己有可能被炒鱿鱼。

那时的我已经确信，自己未来肯定会从事全职的财务报表分析工作。当不得不另觅工作单位时，我决心找一家能给我充分自由的公司。但这样的单位很难找到，事实上，我想要的是一份能告诉人们避免买入哪些股票的工作。即使是在今天，你能想象得出有哪家公司会器重这样的员工吗？一些公司内部可能有灾祸预言家，但他们发布的日常报告不适用于那些正在被招揽订单的客户。

之后我把目光转向了规模较小的公司，因为这样的公司没有投行部门，发布的报告不会引起严重的后果。幸运的是，我找到了这样的一家公司，它的名字叫沙因曼、霍克斯汀和特罗塔公司。该公司由金融家索尔·吉泰（Sol Kittay）资助，他自诩为"商人的经纪人"。公司的研究总监阿尔弗雷德·金根非常喜欢我的想法，还给了我充分的自由。大约在同一时间，我也向其他人谈了我的想法，有一个人建议我把报告的名称定为《收益质量报告》，我欣然接受了他的建议，不过可惜的是，我现在想不起他的名字叫什么了。

那时，1969—1970年的熊市大幕已经拉开，我大有可为的机遇期来临了。投资者不再想知道如何使资金在一夜之间翻倍了，他们想寻找的是抛售股票和保全剩余资金的理由。这太容易了。不管怎么说，市场都在下跌，我只是在顺势而为。在我分析的首批公司里，有一家公司名为里斯科数据处理设备公司（Leasco Data Processing Equipment Corp.）。1969年，该公司报告的每股收益为2.71美元，但我进行了几次收益质量调整后发现，该公司的每股收益仅剩下了1.42美元。接下来，我分析了土地开发公司，对它们的每股收益进行了类似的调整。随后，主要在熊市的影响下，里斯科数据处理设备公司和土地开发公司的股价暴跌。几年后，里斯科数据处理设备公司更名为信实保险公司（Reliance Insurance），经营得很不错，最后被索尔·斯坦伯格（Saul Steinberg）收购。

我的工作看起来令人印象深刻。但在那样的市场中，谁都能做到。不久之后，我遇到了鲍勃·奥尔斯坦[1]，他曾是安达信公司的会计师，后来进入霍夫斯特拉大学商学院（Hofstra University School of Business）成了一名讲师，最近他进入沙因曼、霍克斯汀和特罗塔公司成为一名经纪人，也开展了一些研究。起初，奥尔斯坦似乎对我的工作没什么特别的兴趣，与大多数经纪人和分析师一样，他是天生的唱多者。但有一天，在结束短暂的休假回到办公室后，我发现一位基金经理根据我最近发布的《收益质量®报告》向我们投来了大量订单。奥尔斯坦听说了此事后，开始与我讨论市场问题。由于他的许多建议都失败了，似乎正准备转向唱空，哪怕只是针对一个季度的。

奥尔斯坦正要去一趟加利福尼亚州，他想带上我的一些报告，看看能否招揽

---

[1] 即罗伯特·奥尔斯坦。

些客户。让我惊讶的是，奥尔斯坦带回来了6个新客户。我忙活了约1年才找到了几个机构客户，奥尔斯坦认为我的方法存在问题。他建议我定期向订阅用户收费，并且以更加商业化的方式运作《收益质量®报告》。我接受了他的建议，即每年向订阅用户收取12,000美元或更多的服务佣金。奥尔斯坦的设想很符合我需要的那种愿景，所以我们一拍即合，成了合作伙伴。

当时是1971年，沙因曼、霍克斯汀和特罗塔公司和许多其他券商一样，后台部门出现了问题，无法正常处理往来账目，而奥尔斯坦和我即将为公司带来大量的新业务，我们正朝着成为领域内顶级生产团队的方向迈进。

到了劳动节，由于沙因曼、霍克斯汀和特罗塔公司需要外部资金注入，它被韦斯和沃新恩公司（Weis、Voisin & Company）收购。新的管理层很欣赏我们的工作，但他们告诉我们，我们不可能被留下来。韦斯和沃新恩公司参与了相当多的承销团，与我们这样的唱空者存在潜在的利益冲突，因为我们的报告冲击了其销售人员支持的一些股票。因此，1971年11月，奥尔斯坦和我去了科宁公司（Coenen & Co.）工作，在那里，我们完全根据自己的意愿和目的撰写分析报告。

我们在科宁公司工作了4年。当时收取固定佣金是业内的标准做法，投资者购买1000股普通股支付的佣金是购买100股的10倍。所有公司的收费标准都是一样的，单笔订单的收费最高可达30万美元。支付机构研究费用的一种方式就是支付佣金，这通常被称为"软"美元。《收益质量®报告》就属于这一类。那些与科宁有业务往来的机构，如果它们每年能支付12,000美元的佣金，就能收到我们每月发布的《收益质量®报告》。到了1975年，订阅我们研究报告的客户从20个左右增加到了140个。

这一切都在1975年的劳动节结束了，在此之后，佣金是完全可协商的。一夜之间我们就失去了40个客户，因为一些客户喜欢较低的佣金而不是我们的研究报告。但我们的其他客户却依然保持忠诚，因此我们很快就消化了客户数量下跌带来的影响。考虑到新的制度，我们觉得自己创业似乎更为合理，于是我们很快就行动了。我和奥尔斯坦一直坚持合作到了1980年，但由于他决定重操旧业，从事经纪和账户管理业务，我们友好地分手了。之后我自己继续编制和发布研究报告。

　　去年，我认为是时候组织我的方法，并以一种个人投资者可以从我在过去25年里开发的技术中获利的方式来展示它们了。在朋友的介绍下，我认识了罗伯特·索贝尔，他是霍夫斯特拉大学的商业史教授和金融市场历史学家，多年来我们经常讨论共同感兴趣的话题，于是我们一起策划了这本书。我们一致认为，我们出版这本书的目的是帮助个人投资者避免市场陷阱，最大限度地增加盈利的机会。尽管我们没有提供什么"魔法公式"，但我坚信，只要个人投资者不懈努力，他们就一定能避开市场陷阱并从股票投资中获利。

第 1 章

不要相信你的分析师

投资者，无论是新手还是老手，都知道买卖什么股票以及何时买卖股票的决策综合来源于恐惧、希望、直觉、偶尔听到的谈话片段和可靠信息。尤其是信息，也就是说，我们都倾向于认为自己在理性地行事，而不是贸然地做出如何投资数千美元的决定。因此，我们会试图从报纸、电视节目、餐馆里的私人谈话和体育赛事等来源获取信息。我们还会为此浏览商业期刊和投资杂志，翻阅大量市场函件，拨打"热线"电话，出席研讨会等。

请注意，所有这些信息都源自他人，源自想让你相信他们知道事实且能正确地解读和利用事实，如果实践其建议就能获得巨额回报的人。大多数投资者认为，这些专家懂得问题的答案——就算不是所有人，但至少有一部分是如此。此外，他们还有洞察力、智慧、人脉、经验和对市场的感觉。可叹的是，事实往往并非如此。

我想建议你向这样一位专家求教：他（她）的建议是可信赖的，无论何时你需要他（她），他（她）都会在你的身边，而且不会欺骗你。而且他（她）不笨，因为积累足够的资金进行严谨的投资需要一些头脑。

这位专家就是你，或者假如你足够努力，你至少可以成为这样的"专家"。这正是本书要告知你的关键信息，它不会告诉你买卖哪些股票以及什么时候买卖，而是会展示一些简单的技巧和解读数据的方法供你使用，这些方法就像信箱、电话，或者在某些情况下，像图书馆一样随时可供利用。这可比有关高科技热门股的提示或有关铜业股下一步走势的预感重要得多。这些技巧和方法可以很好地为你服务，让你这位值得信赖的"专家"比专业的基金经理更有优势。

有一句话是老生常谈，却是千真万确的——授人以鱼不如授人以渔。这正是我撰写本书的目的。

在深入探讨应该做什么之前，我们先来详细谈谈从传统渠道收集的大多数信息必须经过严格的筛选、仅有少量信息可作为你投资决策依据的原因。我们的讨论也可能让你明白自己的一些投资业绩不佳的原因。

初学者可以考虑一下历史学家和社会评论家丹尼尔·布尔斯廷（Daniel Boorstin）对名人的定义：一个因出名而出名的人。布尔斯廷指的是嘉宝（Gabor）姐妹以及那些突然出现在电视脱口秀节目中、被小报拍到走下飞机或在马戏团中抚摸假独角兽的小明星——他们已经被人们遗忘得差不多了。

投资界也有这样的人。你总是能在一些相同的电视节目中、在与华尔街有关的商业节目中和与市场有关的报道中看到他们的身影、听到他们的言论。同样的人往往定期出现，他们看起来甚至有点像。中年男性头发灰白，戴着眼镜，颇具长者风范；中年女性头发梳得很整齐，目光锐利；年轻的男性和女性则身形瘦削，看起来（对成功）充满渴望而好斗。所有人似乎都很富有。年长者倾向于拐弯抹角，年轻者则直截了当地做出预测。你看了又听，不过由于信息太多，你只记住了一半。

到了下周，当你再次读到他们的相关报道或在节目中看到他们时，已经忘了他们的预测或想法。你只能回想起他们的脸、他们的声音以及他们的名字。你认为，他们是专家，自己应该听取他们的意见。但千万别这么想。记住，他们是名人，因出名而出名的人。

电视新闻记者最先学到的一点是，公众在阅读新闻报道时真正感兴趣的不是记者的想法，而是领域内重量级人物的想法。记者知道的可能比受访专家知道的多得多，但他的报道需要引用专家的话。因此，电视台的记者会到某位因富有魅力且能说会道而脱颖而出的高级副总裁的办公室采访他，然后问了副总裁几个问题，副总裁给出了简短的回答（名人们知道，接受电视台采访时回答必须简短而机智），之后记者就前往演播室了。双方都得到了他们想要的：记者得到了30秒的录像，分析师名人借机夸耀了一番公司（他存在的意义），当晚观众们也得到了想要的专家建议，或者至少他们是这样认为的。

报刊记者也是如此。下次你在阅读报刊的股市报道时可以留意一下，看看在一篇中等篇幅的文章中，记者是否会引用至少3个人的话。当报道的篇幅较长时，记者会引用更多人的话。这些被引用的人也都是专家名人。许多报道都值得一读，特别是当它们涉及行业状况、政治分析和经济形势时。但当报道的内容与市场有关，并且出自同一家投资公司的喉舌时，情况就不一样了。此时，记者们不再需要30秒的采访了（带着牵强的笑容和闪烁的眼神），他们需要的是活泼生动的行文和高度可引用的想法，尤其是当这些想法与他们自己的一致时。一位新闻记者曾这样说："一位高度可引用的无知者要优于一位无法理清自己思路的精明学者。"

接下来，你会发现，许多被采访者的想法很极端——他们要么认为市场将到达顶峰，要么认为市场将坠入低谷，尽管他们对细节问题语焉不详。发表左右小幅摇摆的言论似乎不能让任何人感兴趣，但如果带来爆炸性信息，就可以让众人惊疑震动——这是博人眼球的好方式。比起食物和饮料，名人更需要这些。

一类特殊群体——撰写市场简报的人，也没什么太大的不同，但他们明确倾向于看涨的一方，而且理由很充分：谁愿意每年花几百美元买坏消息呢？此外，日复一日地写建议买入的简报要比写建议卖出的简报容易得多。

20世纪20年代最伟大的市场观察家之一莱斯利·古尔德（Leslie Gould）曾对一位记者说，他在1929年夏天就看出股市即将崩盘。年轻的记者反驳说："古尔德先生，您直到最后一刻都是看涨的，我读过您所有的专栏文章，它们传递的信息都是积极的。""当然是这样了，"古尔德哼了一声，好像在跟一个天真无邪的人说话，"要是我周一写了'卖掉所有股票去钓鱼'，那我周二能写什么呢？"

撰写市场简报的人都知道，读者们总是在寻找特殊情况下的内幕消息，即关于那些价格可能在一夜之间翻倍的尚未被发现的成长股。他们不想听到应该避免买入或应做空的被夸大的股票。如果他们手里没有这类股票，他们则不会买入，但如果他们手里有这样的股票，在感情的影响下，他们可能不会卖出它们。鲜有人会考虑做空股票，因为这几乎被视为反美行为。毕竟投资股票就像赌马一样，人们进场是为了选出会获胜的马匹，他们不会对跑在最后的马匹下注。

斯坦福大学商学院（Stanford Business School）的威廉·夏普（William Sharpe）教授曾指出："若没有做空机制，市场价格将会高于共识价格。"夏普的意思是说，如果10个人对一只股票的价格各有自己的看法，第一个人认为其价格应该是1美元，第二个人认为应该是2美元，第三个人认为是3美元，依此类推，第十个人认为是10美元，那么共识价格将为5美元左右。那些认为价格应该在1~4美元的悲观者不会采取任何行动，而乐观者会买入，所以这只股票的最终价格会涨至7美元左右。"换句话说，价格不会反映所有可用的信息，而只会反映乐观者掌握的信息。"

类似的事情发生在撰写简报的人身上是可以理解的，毕竟他们可能有也可能没有进行预测的资质，而且他们要靠夸张的言词来获得订阅用户。但那些在投资公司工作的人呢？大多数人都拥有商学院的本科和研究生学历，教育背景光鲜亮丽，也是金融分析师联盟（Financial Analysts Federation）的成员（该联盟拥有约16,000名成员），而且在专业领域内摸爬滚打了多年。这些优秀的专业人士给出的意见就一定值得你聆听吗？答案是模棱两可的"也许吧"。说得直白一点，你在按他们的建议行事之前必须知道这些建议源自哪里。有如此多的投资者依赖于经纪人的建议，而经纪人又从分析师那里获得建议，因此有必要对这个问题进行更加深入细致的探讨。

有数千名"卖方"证券分析师在工作中阅读金融内幕资料，采访公司高管。大公司可能有50多位证券分析师，每个人都有专门的任务，而在小的区域性公司里，可能只有三四位多面手。位高权重的分析师通常来自两个领域：在顶级研究生院取得了工商管理硕士学位，或需要研究的证券所属的行业。理想的候选人兼具这两方面的背景。例如，一位高水平的计算机分析师可能拥有工程学本科学位，曾在一家或多家计算机公司工作过一段时间，后来又攻读了MBA学位，最后在华尔街谋得了一个职位。

大多数分析师最初都是给经验丰富的老手做助手，经过一段时间的学徒期和一段时间的熟练工生涯后，最终成了成熟的资深分析师。他们的年薪在8万美元至12万美元之间，再加上根据业绩而定的奖金，其中一些人的年薪在50万美元左右，有些人的甚至更高。

在此过程中，这些分析师与公司管理层建立了联系。管理层和公司需要发布的各种报告是这些分析师的主要信息源。分析师们参加行业内的展会和研讨会，并被期望在这些行业中生活、吃饭和呼吸。这话毫不夸张。餐饮行业的分析师可能每周在快餐店里吃十几顿饭；电脑行业的分析师为了评估软件和硬件的性能会在大型机和微型计算机上运行程序；汽车行业的分析师对汽车的了解程度不亚于他们对汽车制造商资产负债表的了解程度。所有这些将产生你的经纪人可能传递给你的评论，以及一些仅有他自己能看到的、更加专业的信息。

到目前为止，一切都挺好的。投资时有一位真正的专家做参谋是好事，但问题是，分析师为能给他丰厚薪水的公司工作，而不是为你工作，这就使各方关系变得复杂了，并产生了（利益）冲突。

例如，分析师为了给本公司招揽其他业务，应该会与他所分析的公司的管理层保持良好的关系。其中一些是相当合理的。正如《财富》（Fortune）杂志的撰稿人安妮·B.费雪（Anne B. Fisher）指出的："一位对自己研究的行业了如指掌的分析师可能告诉你，行业内哪些私营公司正在考虑首次公开募股，哪些上市公司可能需要融资，以及哪些人在谈论公司合并事宜。考虑到投资银行家的费用，分析师们所带来的任何此类业务，很可能代表着所有这些昂贵的分析人才将带来更高额的回报。"

《财富》杂志还指出："可以预见的是，一些公司不明白证券分析师不应该在选股的同时瞄准投行业务的原因。"时任A. G. 贝克尔·帕里巴斯公司（A. G. Becker Paribas）研究部负责人的约翰·欣德龙（John Hindelong）说："（这就相当于）你想要能传能跑的四分卫。"欣德龙后来成了德威公司（Dillon Read）的常务董事兼研究部主管。1985年春，他又跳槽到了美邦（Smith Barney），在那里分析医院管理类股票。据一份报告称："欣德龙表示，他跳槽是为了有更多的时间做研究和达成交易。他指出，美邦的机构销售团队拥有约50家美国生产商，而德威公司的机构销售团队仅拥有4家生产商，因此前者相对于后者来说能给他提供更多的投行支持。"

证券分析师对服装连锁店、快餐店、钢铁公司或电子公司的良好的评论和推荐可能会获得回报，例如这些公司的管理层会请分析师所在的公司承销其下一次发行的股票或债券，或履行其他职能，例如安排合并事宜。

一些华尔街的证券公司对此非常坦率。保诚贝奇证券公司（Prudential-Bache）的研究部主管格雷格·史密斯（Greg Smith）指出，这是他的分析师赚取丰厚报酬的途径之一。他说："老实说，你不要以为你能从每股几美分的股票经纪业务中赚到钱并向证券分析师支付如今有竞争力的薪酬，认为客户期待以这样的价格获得服务和研究是天真的想法。"

分析师要维持生计就必须与所研究的公司保持良好的关系，这通常意味着他们面临着给予这些公司好评的压力，下次当你收到热情洋溢地推荐某公司的报告时，别忘了这一点。这样的报告通常会附有免责声明，例如"本报告包含的信息基于可靠的来源，但不包含所有信息，也不由我公司担保……"不过，结尾一般是这样的："我们一直是该公司的承销商、管理者或共同管理者，或在过去的3年内曾配售该公司的证券，或曾是该公司的承销商。"

也许分析师给出的建议足够诚实，但我很少看到有承销商建议卖出与自己关系密切的公司的股票。1983年的情况也是如此，当时大多数投资界人士都在推荐高科技股票，许多机构都计划承销这类股票。之后，随着收益开始低于预期，泡沫破裂了。是什么导致了这样的结果呢？总部位于芝加哥的扎克斯投资研究公司

（Zacks Investment Research）一直在追踪收益预测，它认为，这并不是利润数据过于糟糕导致的，而是预测失败导致的。"分析师们从一开始就过于乐观了，这可能是因为他们在推高股价或者与那些公司有投资银行业务关系。"该公司还指出，在1981—1984年，有86%的经纪公司给出了中性或买入建议，12%的给出了卖出建议，2%的给出了强烈卖出建议。

因此，毫不奇怪，即使是在不利的投资环境下，大多数评价也是积极的。"如果我桌上有200份证券报告，其中就会有175份给出的是'买入'建议。"一位基金经理哀叹道。在这样的情况下，你还能期待得到什么建议呢？这是投资者必须防范的最大陷阱之一。

美林（Merrill Lynch）的前首席投资策略师理查德·霍夫曼（Richard Hoffman）（离开美林后创立了自己的咨询公司）长期以来一直批评这种做法，他还意识到了其中存在的问题。为了改变失衡的局面，1985年初，R. J. 霍夫曼公司（R. J. Hoffman & Co.）成立了一家名为"唯理"（Veritas，拉丁文的意思是"真相"）的子公司，该公司只发布卖出建议。其运营负责人大卫·卡岑（David Katzen）表示："我们的立场要比华尔街公司的立场客观得多。他们的中性评级相当于我们的看空。"

分析师承受着巨大的压力，需要给予积极的评价，尤其是当本公司的投行部门希望与被评级的公司建立业务关系时。当分析师此前对该公司股票的评价比较高时，他面临的压力就更大了。给予消极评价会招致公司管理层的愤恨；转变立场可能会要了一些人的命，比如经纪人和机构销售人员，因为这些人或受托者与客户打交道。"当你对某只股票给出消极评价时，持有该股票的人会讨厌你，公司管理层会讨厌你，不持有这只股票的人则毫不在意。"这是一位分析师得出的结论，而另一位声称自己在20年的职业生涯中从未发布过卖出建议的分析师补充说："在周一上午的9点，走到15名或20名销售人员面前，并告诉他们应该卖出你曾推荐的股票是非常困难的。"这一点很好理解。因为如果要坚持这一建议，这些销售人员可能必须打电话给客户，告诉他那只上周五被认为很棒的股票现在应该抛掉。此时，经纪人可能会要求分析师给客户打电话，并与客户聊上一会儿，因为重要客户喜欢这种沟通方式。一位著名的石油行业分析师（他的名声仅仅因为最近的几次错误判断而受到影响）曾对我说："我做不到一直正确，但我不会逃避。我的行事原则是：当我判断正确时，我不必出面做解释；当我出面做解释时，那可能是因为我做出的判断不正确。"

证券分析师必须防范的另一个问题是，他们往往会爱上自己所研究的公司。多年来，他们与公司的高管和公关人员建立了密切的关系，后者经常向他们提供各种建议和提示，或者其他使他们的研究工作变得更加容易的信息，这也让他们在单位有了炫耀的资本。为什么要让卖出建议毁了这一切呢？当有人请莱格·梅森·伍德·沃克公司（Legg Mason Wood Walker Inc.）的小雷蒙德·德沃（Raymond DeVoe Jr.）就一些分析师糟糕的预测记录谈谈自己的看法时，他说："大多数分析师都依赖被分析的公司，视其为他们的主要信息源，他们通常只是整理这些数据，就将其作为自己的原创思考发给客户。"

这也许解释了分析师们的预测记录多年来一直很平庸的原因。基德尔皮博迪公司（Kidder, Peabody）投资政策部的主管威廉·吉拉德（William Gillard）在谈到"鱼雷式股票（在你的投资组合被炸出一个窟窿之前，你看不出它们）"时遗憾地承认："无论是从买方还是从卖方角度来看，分析师们的表现都不太好。"他怀疑，原因在于分析师与公司的关系。"我们联系公司的方式很荒谬。每个人都与公司投资者关系部门的人交流，而后者提供的数字是一样的。"如果这些数字是错的呢？所有根据这些信息做出决策的机构会在同一时间抛售股票，因而导致了伴随着如此多的负面消息而来的恐慌性抛售。

当然，每个领域里都有不称职的人，也都有尽职尽责的行业老手，他们的表现参差不齐。无论是心脏外科医生、汽车修理工、律师、会计师还是证券分析师，我们都必须先找到一个长期以来有着卓越记录的人，然后才敢把自己的生命、汽车或金钱托付给他。

问题是找到这样的人不容易。例如，有人可能认为，著名的《机构投资者》（Institutional Investor）杂志每年挑选出来的"全明星"分析师是值得追随的人。毕竟，这本杂志被视为业内的圣经，它应该知道自己在谈论什么。但事实不一定如此。几年前，另一本杂志《金融世界》（*Financial World*）曾试图审核这些超级明星做出的预测，但遭到了几家经纪公司的强烈反对。这些经纪公司每年为这些超级明星支付15万~50万美元的薪水。反对的原因很明显，一旦《金融世界》进行审核，就会发现，全明星分析师中只有三分之一的表现是优于标准普尔500指数（Standard & Poor's 500）的。基金经理大卫·德雷曼（David Dreman）说："一位顶尖的摄影行业分析师10多年来的记录堪称'完美'，他大多是在股价登顶前后建议买入，在股价触底前后建议卖出。"

这样的人也可以是很有价值的，任何时候你都能找到一个一直预测错误的人，要想成为赢家，你只要与他的建议反着来就可以了。

造成这种结果的部分原因是，大多数经纪公司都有着强烈的羊群本能，违背了这种本能，个体会付出沉重的代价。

以丹尼尔·米德（Daniel Meade）为例，他是一位久经磨炼的顶尖家庭产品分析师。米德回忆说，在整个投资界都看好美泰公司（Mattel）的时候，他提出了卖出该公司股票的建议。"每个人都批评我，他们指责我做空该股票，并把我的分析视为异端。"之后，美泰公司的人拒绝与他交谈，他自己所在公司的客户抱怨他缺乏联系，"因为他们得到的信息比我的多"。后来，美泰公司的股价暴跌，从38美元下跌至不足2美元。这一事实让米德看起来像个天才，大大促进了他的事业发展。倘若结果不是这样的话，他可能早已陷入水深火热当中。

这类情形并不像想象中的那样少见。当普惠公司（Paine Webber）研究休闲股的李·伊斯古尔（Lee Isgur）对演艺船公司（Showboat Inc.）做出消极评价时，该公司"切断了与他的一切联系"。伊斯古尔还声称，演艺船公司的管理层指示其公关公司马洛里因素联合公司（Mallory Factor Associates）隐瞒新闻稿，甚至禁止马洛里因素联合公司打电话向普惠公司的分析师透露新闻稿内容。伊斯古尔还称，他与演艺船公司的总裁约瑟夫·凯利（Joseph Kelly）通电话的请求没有得到回应。

吉尔福德证券（Guilford Securities）的分析师詹姆斯·查诺斯（James Chanos）

和A. G. 贝克尔·帕里巴斯公司的分析师乔治·塞勒姆（George Salem）也都承受过上述的各种压力，他们都试图摆脱这一体制的束缚，都曾因敢于直言遭受了挫折，但他们都做到了出淤泥而不染，最后成功地脱离逆境。

1982年，年仅24岁的查诺斯认为，鲍德温联合公司（Baldwin-United）发布的报告内容有些可疑。鲍德温联合公司原本是一家钢琴公司，当时大名鼎鼎的莫利·汤普森（Morley Thompson）将该公司转变成了价值高达40亿美元的金融集团。当时汤普森刚刚被《财富》杂志誉为商界历史上最富有想象力的"洗牌人"，他魅力非凡，热情地款待分析师和其他华尔街人士，因此这些人很卖力地为他公司的股票吆喝。

很少与管理层交流的查诺斯没有参与其中。他说："我甚至没有去过我看好的公司，分析师太容易被管理层蒙蔽了。"他采用的方法（和我的一样）是研究公司必须向美国证券交易委员会提供的信息。

公布了对鲍德温联合公司的卖出建议后，查诺斯遭受了金融界人士的指责，也遭受了汤普森的威胁和抨击，这是此类事件常见的后果。美林是华尔街众多大力支持鲍德温联合公司的经纪公司之一，其多元化的公司证券分析师也是汤普森努力争取的对象之一。美林的卡罗尔·P. 内维斯（Carol P. Neves）看好该公司的股票，特别坚定地为该公司进行辩护，她称该公司唯一的麻烦就是负面新闻。普雷斯科特、鲍尔和图尔本公司（Prescott, Ball & Turben）的罗伯特·W. 巴克（Robert W. Back）也建议投资者买入这只股票，他甚至打电话警告查诺斯，让他不要"年纪轻轻就自毁声誉"，后来他还指控查诺斯带头诽谤鲍德温联合公司。

当揭发了几家公司内幕消息的雷·德克斯（Ray Dirks）对当时的局面表现出兴趣时，他收到了莫利·汤普森的邀请。鲍德温联合公司的这位董事长在会面时对他说："鉴于我们的律师即将找查诺斯麻烦，希望你不要做他正在做的事情。"但查诺斯坚持他对鲍德温联合公司的立场。后来，国家监管机构对该公司展开了调查，证实了查诺斯的大部分说法。该公司的股价从50.625美元的高点跌至5美元以下，并于1983年秋根据《联邦破产法》（Federal Bankruptcy Code）第十一章的规定申请了自行重组。

查诺斯则继续做大他的事业，现在他已经是业内薪酬最高的分析师之一了，但他也成了吃不到葡萄说葡萄酸的人议论的对象。一位评论者指出，鲍德温联合公司是个容易受攻击的目标，"它给了查诺斯一个完美的机会。现在，他正试图成为在即将来临的灾难中获利的人"。

但事实并不一定如此。查诺斯也曾及时地给出过买入建议，但为他博得名声的还是他对受到他人支持但实际上有问题的公司的揭发。在追踪鲍德温联合公司的信息时他就指出，根据废物管理公司（Waste Management）的真实（而不是声称的）收益和资产负债表，可以看出该公司的价值被高估了。废物管理公司的支持者们再次发出了愤怒的抗议，特别是A. G. 贝克尔·帕里巴斯公司和基德尔皮博迪公司。事实再次证明查诺斯的判断是正确的，废物管理公司的股价从46美元暴跌至27美元，之后才开始回升。

乔治·塞勒姆的故事没有这么戏剧性，但他的经历向我们展示了更多关于思想独立、敢于逆势而行的分析师（及其所在公司的投行部门员工）所面临的问题。塞勒姆当时是保诚贝奇证券公司的一名银行业务分析师，1982年，他开始觉察到货币中心银行的经营有些不对劲儿，他认为它们的外国贷款有问题，会计程序存在欺骗性。他指出，若这些银行为低质量贷款设立10%的损失准备金，那么它们的收益将下降近90%。他与这些银行没什么关系，正因为如此，尽管老板们对着他怒吼，他还是拒绝推荐大城市银行的股票，这让他丢了饭碗。

塞勒姆也试图理解那些坚持给予积极评价的人的态度，他说："如果你对一家银行给出了'卖出'评价，人们会把该评价等同于这家银行破产了。"塞勒姆后来去了A. G. 贝克尔·帕里巴斯公司工作，在那里他继续给予大银行消极评价。在那时，他已经学会了向读者发出卖出股票的信号时必须使用的词汇。一位分析师指出："卖出（sell）这个词由四个字母组成，不能在礼貌的公司里使用。"所以要使用委婉一些的说法，例如，"我们正在降低我们（对这只股票）的中期评级""这只股票不太可能跑赢大盘""这只股票适合耐心的投资者持有"和"延缓行动"等。为了做到这一点，塞勒姆给伊利诺伊大陆银行（Continental Illinois）的评价级为"弱持有"，不久之后，该银行陷入绝境，这证明他给出消极评价是正确的。

我写这些不是为了表明投资者必须在光明中寻找黑暗，也不是想说真正有见识的人都是空头，或者说本书中讨论的技术只能助你避免灾难（尽管这一点很重要）而不能助你如何从糟粕中挑选出赢家股。正如仔细琢磨现有的文件可以让你发现劣质股和高估股一样，你运用这些技巧也可能发现被低估、被忽视的股票。真正成功的操盘手，例如伯克希尔–哈撒韦公司（Berkshire-Hathaway）的沃伦·巴菲特（Warren Buffett）正是这么做的。但掌握这些技能需要经过一段时间的学习，也需要你有信心对兜售其公司研究人员提出的建议的经纪人说"不"。谦逊的巴菲特说："我的问题是，我1年中都得不到50个好点子，能得到一两个就算很幸运了。"他不是通过阅读分析师的报告，而是通过仔细阅读文件得到好点子的。

把经纪公司想象成一家商店，把投资建议想象成待售的商品。本书想传达的信息是"购者自慎"，即买家要当心陷阱——尤其是当你自己可以做得更好的时候。而且一旦你掌握了窍门，所花费的精力将会出乎意料地少。

第 **2** 章

不要相信你的
审计师

　　你不能信任你的分析师，因为他可能因为与其所分析的公司存在利害关系而看多，他的雇主可能与这些公司有业务往来或者其他联系。那独立审计师呢？他们是公司花钱请来审查账目并就账目的真实性发表意见的。你可能会认为，这样的人或公司是在专业的指导下进行操作的，因此当然是可信的。一家公司明年的每股收益是2.00美元还是2.50美元，分析师可能会有不同的看法，但两位有资质的审计师怎么可能在合计公司的资产和负债时得出不同的结论呢？因此，如果年度报告的任何内容要被接受，那将是审计师的意见。

　　投资机构德崇证券（Drexel Burnham Lambert）当然会这么认为。在该公司的工作手册《年度报告概览》里有这样的表述："阅读年度报告时，首先要看看审计师是否给出了'无保留意见'的审计结果，即年报是否'符合一贯适用的公认会计原则'，或者审计师和公司管理层在某些重大事项的会计处理或重要的诉讼结果方面存在的分歧是否达到标准。"拉文索尔和霍瓦思公司（Laventhol & Horwath）的国家审计总监亚伯拉罕·阿克雷什（Abraham Akresh）同意这一观点，他还补充说，简短而积极的意见是最好的。"如果我是一名读者，在看到这样的意见表述时，我会认为公司把应该披露的都披露了，数据也没有本质上的错误。这并不意味着它们是完美的或100%正确的，但可以表明它们没有重大的错误，我可以继续往下审读财务报表了，而且我知道，已经有人审读过它们了。"

一切都很好。德崇证券和阿克雷什的意思是，若审计师发现了有欺骗嫌疑的项目，他们可以——事实上，必须——在审计意见中如实地说明。事实上，审计师一般会给出四种审计意见，它们分别为：（1）"无保留意见"，即无保留地接受，通常用两个简短的段落表达出来；（2）"带强调事项段的无保留意见"，即审计师接受存在普遍不确定性且无法充分计量的财务状况，例如与存货价值、损失准备金或其他需要研判的事项有关的财务状况；（3）"保留意见"，是指由于管理层施加的限制或其他超出自己控制范围的条件，审计师无法审计公司业务的某些领域（需要注意的是，得到此类意见的上市公司往往难逃美国证券交易委员会的处罚）；（4）审计师声明，拒绝对公司的财务状况给出任何意见，也就是"无法表示意见"。

审计师给出的大多是"无保留意见"的审计报告，我很少看到"无法表示意见"。但我看到过许多"带强调事项段的无保留意见"和"保留意见"类的审计报告。例如，永道（Coopers & Lybrand）的审计师们审计完曼维尔公司（Manville Corp.）1984年的年报后指出，该公司和"它的某些子公司是大量石棉健康法律诉讼的被告，可能需要赔偿清除石棉引起的财产损失和其他损失"。审计师门给出这样的审计意见并不奇怪，因为石棉问题已经在金融版面上出现好几个月了。我们很高兴知道永道在履行其职责。此外，请注意，审计师的保留意见并没有质疑曼维尔公司报告的准确性，也没有提出关于该公司的健康程度和未来前景的意见。所有这些意见都是科学、准确和合法的，至少表面上看起来是这样。

但不幸的是，事实并非总是如此。德崇证券的工作手册中有这样的一句表述："很大程度上，由于近年来股东诉讼事件的不断增加，审计师越来越多地给予了保留意见。大体上，审计师的意见为公司财务报表的可靠性提供了较好的参考标准。"在我看来，这是不合逻辑的推论。德崇证券的意思是，一方面，许多股东诉讼表明审计师没有尽其所能地做好自己的工作；而另一方面，审计意见依然是财务报表准确性的一个很好的参考标准。

这两者中哪一个更接近事实呢？答案是前者：审计师没有尽其所能地做好自

己的工作。事实上，截至1985年夏天，八大会计师事务所已被迫支付了近1.8亿美元来解决与审计相关的诉讼，正因为如此，它们当年的保险费增加了200%。

美国证券交易委员会前首席会计师、现任哥伦比亚大学商学院（Columbia Graduate School of Business）院长的约翰·C.伯顿（John C. Burton）表示："外部审计师抱怨公众不理解这一点：审计师对年度报告给予无保留意见并不能保证公司未来不发生任何问题。"他接着指出，在未来，即使是在难以定夺的情况下，审计师也会"指出任何不确定性"。

伯顿院长想让我们相信，审计师们正变得越来越小心翼翼，因为公众不太了解审计师声明的含义，需要得到帮助。但事实恰恰与此相反，正如那些巨额诉讼和解金显示的那样，有问题的是审计师，而不是公众。

证据是显而易见的。例如，鲍德温联合公司、佩恩广场银行（Penn Square Bank）和伊利诺伊大陆银行都以失败告终。它们有一个共同点：在崩溃前，针对它们的最新一份审计报告都给出了"无保留意见"。而它们只是相对引人注目的例子。

类似的例子还有很多。恩斯特·惠尼（Ernst & Whinney）给田纳西州的联合美国银行（United American Bank）出具了"无保留意见"的审计报告后仅一个月，该银行就倒闭了。当美国证券交易委员会因福克斯公司（Fox & Co.）对阿尔佩克斯计算机公司（Alpex Computer）、航空运输公司（Flight Transportation）和撒克逊纸业公司（Saxon Paper）的审计问题提起民事诉讼时，该公司不得不为自己的行为进行辩护。美国证券交易委员会声称福克斯公司"帮助和教唆"撒克逊纸业公司编制了具有误导性的财务报表。在为自己进行辩护时，福克斯声称自己是"大规模（如果不是空前的）管理欺诈"的受害者。但美国证券交易委员会指控其审计师"不计后果地允许撒克逊纸业公司将就地审计的开始日期推迟到了3月中下旬，从而限制了1979年和1980年的审计范围。当时福克斯公司很清楚，撒克逊纸业公司出具合并财务报表的截止日期是每年的3月31日"。

福克斯为什么要这么做呢？这样的事情不常见，却是事实。福克斯的做法很难安慰这些破产公司的股东，他们认为，既然福克斯出具了"无保留意见"的审计报告，这就意味着一切如财报所示。

不要认为美国证券交易委员会能监督所有这些活动。如果说该机构有什么变化的话，那就是近年来其效率有所下降。从1962年到1984年，有待该机构公司财务部审查的文件数量从18,000份增加到了66,000份，而同期该机构的专业工作人员从146人减少到了134人。1984年，该机构承认，在上一年提交的8832份10-K①文件中，完成审核的比例勉强达到了10%。正如《福布斯》（Forbes）杂志指出的："周围的骗子要比警察多得多。"

有会计专业人士声称，对报告的认可已经表明审计师认真地完成了审计，出具"无保留意见"则表明一切都如财报所示。事实上，众议院商业委员会监督和调查小组委员会（House Commerce Committee's Subcommittee on Oversight and Investigations）主席、密歇根州民主党众议员约翰·D.丁格尔（John D. Dingell）指出："由于大规模欺诈和会计滥用，美国证券交易委员会关闭了ESM（一家破产的政府证券交易商），两天之后，美国证券交易委员会和美国注册会计师协会公共监督委员会（the American Institute of Certified Public Accountants, Public Oversight Board）却告诉该小组委员会，该系统运行良好，这真是不可思议。这就是为什么我们调查——早在近一年前就开始，远早于最近的破产事件——如此重要和及时。"

出现这类问题不一定是因为审计师无能，尽管像医生和律师一样，审计行业也有这样的从业人员。相反，问题的根源在于审计师与其客户之间具有非同寻常的关系。

审计师是客户花钱请来的，当审计师发现了足以阻止他出具"无保留意见"的审计报告的不合规行为时，客户当然会不高兴。把这些行为如实写出来可能意味着失去一个客户，在这个竞争激烈的行业中，抢夺客户和降价竞争已成了惯

---

① 10-K是美国证券交易委员会要求上市公司必须每年提交的有关其财务表现与公司运营的综合性报告，具体来说包括公司历史、组织架构、财务状况、每股收益、分支机构、高管薪酬等信息。10-K报告所包含的内容比常见的公司年度报告要详细得多。

例。对一家大公司进行全面审计的费用可能在100万~600万美元，而且还可能招揽到大公司的其他服务业务，进而收取更多的费用。"我们的许多客户把审计视为商品，就像购买廉价汽油一样。"奥本海姆、阿佩尔和狄克逊公司（Oppenheim, Appel, Dixon）的合伙人、驻旧金山办事处负责人尤金·贝尔多瑞利（Eugene Bertorelli）抱怨道。结果就是审计费用降低，审计师遵从客户要求的压力增大。永道的董事长彼得·R.斯坎伦（Peter R. Scanlan）警告说："低费用无法让注册会计师事务所维持高质量的审计服务。如果一家公司只愿意支付微不足道的费用，那么它可能是让猴子而不是富有思想的专业人士为它服务。"

1985年4月，美国证券交易委员会向试图做出"审计意见购买"行为的企业和独立审计师发出了警告。"审计意见购买"的做法涉及一家试图通过遵循可疑的会计准则来实现其报告目标的公司，以及一名愿意按照该公司期望的方式对其进行审计的圆滑审计师。

巴鲁克学院的亚伯拉罕·J.布瑞洛夫教授是对会计行业来说较为尖刻的批评者之一，他讲过一家公司物色审计师的故事。他说："董事长去各地的会计师事务所拜访，问事务所的人二加二等于几，得到的回答总是四。最后，他在名单末尾的那家公司里再次提出了这个问题：二加二等于几？这一次，对方问：'你想要几？'这个回答很符合他的心意。"

正如有人指出的那样，曾经业务单一的会计师事务所进入其他领域可能会使这些审计师的报告更加可疑。联合专栏作家马克·史蒂文斯（Mark Stevens）曾写过一篇有关审计师角色演变的文章，他在这篇思想深刻的文章中指出："审计机构演变成了专业公司和超市的混合体：在毕马威（Peat Marwick）、安达信公司和永道的带头下，它们成了各种财务服务大杂烩的供应商。它们的营销人员很清楚，有待挖掘的业务有很多，包括一般性咨询、税务、小型企业咨询、政府工作、高管招聘、可行性研究和精算服务等。简言之，无论客户需要什么，只要与注册会计师的角色有些许关联，八大会计师事务所都能提供。"而且它们总是收取高额的费用，审计往往是建立业务联系的楔子。布瑞洛夫补充道："当然，它们可以与客户签订一系列的服务合同。它们已在独立审计师的幌子下扩大了业务范围，可以很容易地利用这一特权地位。问题是，这样做合适吗？"

这其中的利害关系显然是巨大的。从1983年到1985年，八大会计师事务所的审计业务收入仅增长了14%，但管理咨询业务收入增长了33%，税务业务收入增长了28%。解雇一名审计师通常意味着非审计业务也随之丢失。

罗伯特·伊斯雷洛夫（Robert Israeloff）是纽约州注册会计师协会的前主席、伊斯雷洛夫和特拉特纳公司（Israeloff, Trattner）的管理合伙人，他本人也参与公司的管理运营。他认为："当非会计/审计/税务业务的收入非常可观，例如占总收入的近50%时，事务所就可能与其专业地位不相称了。"正如纽约州立大学布法罗分校（State University at Buffalo）的罗伯特·查托夫（Robert Chatov）教授所说："如果今天我们从零开始，发明这样一个系统将被认为是疯狂的——被审计者出钱雇用审计师并与审计师就费用讨价还价，而且被允许从审计师那里购买其他管理服务，审计师既负责制定和执行规则，又负责对自己进行审查。"

这里有一个能说明这套系统是如何运转的例子，或者说得更精确一点，这是一个说明这套系统如何失灵的例子。1980年，亚瑟·杨会计公司（Arthur Young & Co.）负责佩恩广场银行的审计工作。"由于缺乏证明某些贷款抵押品价值的证明文件，无法确定其贷款损失准备金是否足以覆盖可能的贷款损失"，这家会计公司给出了保留意见。

最终亚瑟·杨会计公司被佩恩广场银行解雇了，取而代之的是毕马威。1982年3月19日，即在这家银行倒闭前的三个半月，毕马威删除了保留意见。它在审计意见报告中写道："对未来贷款损失的估计需要进行判断，这一点是应该被理解的。据管理层判断，1981年12月31日和1980年12月31日的贷款损失准备金都是充足的。"

值得注意的一点是，佩恩广场银行的贷款损失准备金总额在1981年末为630万美元，而其在1980年末仅为140万美元。毕马威和美国货币监理署（U.S. Comptroller of the Currency）均对该银行贷款损失准备金的大幅增加给予了积极的评价。

毕马威的官员承认，当时公司相信自己对佩恩广场银行的正面报告是准确的，尽管这家银行不久后就倒闭了。位于俄克拉何马城的毕马威审计合伙人迪恩·库克（Dean Cook）说："他们更换了新的管理团队，经营比前1年有所改善，我们真的不知道是什么原因导致了该银行的财务状况恶化。"

在调查了佩恩广场银行的实际状况后，美国货币监理署得出的结论是，毕马威的审计报告是"不可接受的"。1983年，密歇根国民银行（Michigan National Bank）对这家大型会计师事务所提起了法律诉讼，要求获得4100万美元的赔偿。面对着佩恩广场银行的5名债权人的起诉，毕马威正在为自己的行为辩护。

1985年2月20日，布瑞洛夫教授在美国众议院能源和商业委员会的监督和调查小组委员会（Subcommittee on Oversight and Investigations, Committee on Energy and Commerce, United States House of Representatives）作证时，甚至建议在独立审计师给出的意见旁边画一个骷髅头标志。布瑞洛夫教授当时是这么说的：

即使这些听证会发挥不了其他作用，它们起码可以让公众明白审计报告和财务报表中隐含着巨大的风险这一事实。可能还需要在注册会计师给出的意见旁边画一个骷髅头标志，这样公众就会明白，完全信服这些意见可能存在风险，就像香烟包装上的警示语一样。也许没人在意，但至少我们良心上说得过去。

这个比方打得很贴切。大多数人认为，经过美国食品和药物管理局（Pure Food and Drug Administration）批准的处方药肯定经过了严格的测试，服用非常安全。类似地，许多投资者认为，"无保留意见"的审计报告意味着一家声誉良好的外部机构不带偏见地审核了公司账目，并认为一切皆如该公司所示。但正如我们所看到的，事实"不一定如此"。

普通投资者甚至可能从未看过审计师的声明。而在看到本章描述的情况之后，如果他将来依旧不去看的话，也是情有可原的。尽管我不抱乐观的看法，但最近的失误、错报和诉讼可能正在改变这种局面。让我感到沮丧的是，基金经理、分析师等投资专业人士对这类事项并不看重。如下一章所示，在对年报中各项内容的重要性排序中，"会计政策声明"被排在了第八位，在浮夸的管理层年度回顾之后。

从一开始我们就建议你不要信任你的分析师，现在，我们相信你也已经明白了不能信任公司聘请的用以证明其账目真实可靠的审计师的原因。因此我们在此重申并强调之前提出的观点：明智的、有见识的投资者必须自己确认公司的账目是否真实可靠。投资需要付出时间和精力，管理投资组合没有简单的方法，就像你不可能轻松无痛地减掉十几千克的体重一样。

我们首先要铭记这一点。大多数先入为主的、关于那些被认为能在投资决策方面提供帮助的人的看法都应予以怀疑。在本书其余的部分，我将介绍如何在做出买卖股票的决策之前找到相关信息并了解这些股票。有时这似乎是一项艰苦的工作，也确实是这样。但是，想一想你投入了多少时间和精力来赚取数千美元的收益，也许仅仅是听取分析师的建议，或快速浏览年度报告（以及附有"无保留意见"的审计报告）；再想一想由于缺乏知识而造成的损失。而且你要反思这一点：材料就摆在那里，只要你掌握了相关的分析技术，知道从哪里收集信息，你就可以对它们进行细致的分析，由此发现事实。然后你就会明白，无论付出多少代价去理解这些看似晦涩难懂的材料都是值得的。这样做不一定能让你成为百万富翁，但能让你避开许多股市灾祸。

第 **3** 章

个人对个人：
致股东的信

接下来我们将学习如何分析几个关键的文件，例如10-K、季度报告（10-Q）[①]和股东委托书，上市公司必须准备好这些文件并把它们提交给美国证券交易委员会。我们可以从这些乏味的、依照法律条文写就的且经常被忽视的文件中发现大量有用的信息。有时，为了符合法律要求，上市公司会不情愿地公布一些信息，它们希望公众会忽略或忽视这些信息。有时公司会不小心披露比它们希望股东和公众知道的运营信息更多的信息。

所有这些文件都可轻而易举地直接从该上市公司，或两家私人公司获得——一家是信息披露公司（Disclosure Inc.，其地址为：马里兰州贝塞斯达市沿河路5161号，邮编：20816，咨询电话：800-638-8241），另一家是柏克德信息服务公司（Bechtel Information Services，其地址为：马里兰州盖瑟斯堡市林荫路15740号，邮编：20877-1454，电话：800-231-DATA）。向相关方提供这些文件是这两家私人公司的业务。但我们最好先从一份更容易获得的文件谈起。通常情况下，每位股东会在早春收到一份邮件，内容是公司的年度报告，目前发布这种文件的公司有10,000多家。

公司发布年度报告的一个原因是为了遵守《1934年证券交易法》（*Securities*

---

① 美国证券交易委员会要求公司提交的季度报告。

Exchange Act of 1934）第14a-3条的规定，这一条文规定了上市公司必须披露的具体财务信息，但没有规定披露的形式。几年前，少数公司尝试向股东发送一份简短的声明，并附上一份10-K文件的副本，这样做既是为了省钱，也是为了以严肃的态度给股东留下深刻印象。这一做法正在被其他公司效仿。

多年来，公共关系专家们一直在努力地把单调乏味的事实和数字以更加艺术的形式展现出来，使得年度报告看起来更适合放在咖啡桌上而不是分析师的办公桌上。它们的篇幅冗长，制作成本高昂。内容全面的年度报告可长达100页，对公司来说，其制作成本与一本薄薄的平装小说的价格（在2~6美元）差不多。当然，年度报告的制作更为奢华：用厚实光滑的铜版纸印刷，里面附有许多插图，构思巧妙。考虑到所有的成本，包括管理费用，再除以印刷份数，公司向每一位股东提供年度报告的成本高达8美元。如果公司能取消这种做法，那么它们的每股收益可能会高出几美分。不过就算修改了法律，公司也几乎不可能停止发布年度报告，因为它是上市公司提供的最重要的公共关系产品之一。正如企业形象（Corporate Graphics，一家设计报告的公司）的贝内特·罗宾逊（Bennett Robinson）所说的："许多公司都在努力编制年度报告，因为它本质上是公司与公众之间的主要沟通渠道。"

获取年度报告不是难事，通常只需给公司打个电话或写信即可索取［公司的地址和电话号码可从很多公共图书馆的标准普尔（Standard & Poor's）手册上查到］。此外，每年春天，主要的报纸和商业杂志，如《华尔街日报》（*The Wall Street Journal*）、《巴伦周刊》（*Barron's*）、《商业周刊》（*Business Week*）、《福布斯》和《纽约时报》（*The New York Times*）的商业版，都会用几页的篇幅列出可免费提供其年度报告的100多家公司的名单，有需要的人可写信索取。在名单中选出你感兴趣的公司或简单地写下"全部"，把它邮寄到指定的信箱，你就会在几个月内陆续收到选定公司的年度报告。

年度报告的式样和篇幅不尽相同，但它们都包含一些基本的统计资料和解释信息。大多数年度报告的内容更丰富。有了这么多页的报告，人们总能了解到一些关于这家公司的信息，因为报告的篇幅越长，管理层就越有可能在无意间插入一些可被精明的读者深入挖掘的信息。

事实上，通过正确地阅读年度报告可以获得大量有用的信息，部分原因在于管理层有义务披露一些信息，尽管他们希望股东会把这些信息视为晦涩难懂的谜团而忽略掉。然而，解读年度报告不应该脱离实际。管理层在年度报告中经常提及公司过去几年的发展状况，因此要参考这一时期的报告，如果可能的话，还应该参考季度报告。认真的投资者可到图书馆查阅这些信息，或者从信息披露公司处获得。归根结底，应该把具有浮华的图片、乐观的行文、表格和附注的年度报告视为可能的雷区。你面前有一片葱茏的草地，但你知道草地下可能埋有地雷。问题是你不确定是否真有地雷，有多少，它们的具体位置在哪里。再说一次，我想给你一个地雷探测器。如果某家公司的所有数据都合情合理，其发展前景令人满意，而且没有任何意外事件发生，那么你就可以入手其股票了。否则的话，你就不能买入，或者如果你持有其股票的话，应该马上卖掉它。

许多股东怀疑公司年度报告内容的真实性，不管怎么说，他们都想知道事实，不希望出现令人不适的意外。他们对光鲜亮丽的年报持怀疑态度，也许是因为它看上去太过炫目了。伟达公共关系顾问公司（Hill & Knowlton）1984年完成的一项调查得出了意料之中的结果：有73%的个人投资者认为，这些报告要么淡化了坏消息，要么将其隐藏在声明之后；58%的个人投资者认为这些报告的宣传意味过浓；有32%的个人投资者"不相信年度报告的内容"；有27%的个人投资者认为，他们读完年度报告后难以确认公司从事什么业务。

以下是更多的调查数据。有一半的受访者说他们只是大致浏览了一下年度报告，或者根本就没有读过年度报告；有三分之一的受访者说他们阅读了年度报告；但只有18%的人说他们"研究过"年度报告的内容。对我们来说最重要的是，尽管有55%的受访者认为，年度报告对他们做出投资决策有参考价值，但大多数人认为，就助力做出买卖决策而言，年度报告的重要性比较低，在所有可用的资料中，年度报告排在倒数第二位。

但这项调查针对的是普通股东群体。在调查严肃的投资者时，该公司得到了不同的结论。所有的受访者都认为年度报告对他们的分析"至关重要"，他们一致同意这句话："作为一名专业的投资者，公司年度报告对我的决策至关重要。"大多数受访者认为，近年来年度报告的总体重要性有所提高。

针对年度报告的一条重要的批评是，它们过于面向过去了，专业人士更希望了解公司未来的发展方向。在调查中，有56%的专业人士认为，"年度报告往往未能清楚地展现管理层的目标和战略"。一位受访的专业人士说："年度报告应尽量面向未来而不是过去。我希望看到更多有关公司战略的讨论，以及与行业内其他公司相比和整个经济体相比，公司的表现如何。"另一位受访者说："讨论公司的目标和管理层实现这些目标的策略非常有价值。此外，讨论现实与预定目标的距离以及未能实现或超越这些目标的原因也很有价值。"

年度报告一般包含十几个部分的内容。伟达公共关系顾问公司调查了专业人士对各个部分重要性的看法，相关的数据如下表所示。

组成部分	重要性评级
1. 财务报告	95%
2. 业务部门信息	93%
3. 财务回顾	87%
4. 5年或10年的财务总结	87%
5. 管理层的分析	81%
6. 年度回顾	78%
7. 季度总结	74%
8. 会计政策声明	73%
9. 财务摘要	70%
10. 致股东的信	69%
11. 股利支付（2年）	54%
12. 股价走势（2年）	43%
13. 通货膨胀会计（价格变动的影响）	39%

数据来源：伟达公共关系顾问公司，《年度报告》（The Annual Report）第13页。

除少数几个项目外，整体的排名结果并不出人意料。我强烈反对将通货膨胀会计排在如此靠后的位置，因为这部分内容显示的是根据物价水平调整后的收益、资产数据等［财务会计准则委员会（Financial Accounting Standards Board）于1979年采用］，通过这些数据我们能发现表面上可观的增长实际上是下降。如此低的评级表明专业人士还不了解这些数字的重要性。

拿到年度报告后先看看其封面，也许上面展示的是快乐的员工和/或客户的照片、剪辑后的公司产品图片、与公司主要业务有某种联系的乡村或城市景观图片、写实或抽象的图画，或者只展示了简单朴素的标志，这可能表明设计师迷恋极简艺术或缺乏想象力。发布《希德・卡托的年度报告通讯》（*Sid Cato's Newsletter of Annual Reports*）的希德・卡托（Sid Cato）建议，你可以先翻阅报告，随机阅读里面的内容，然后问自己："我对这些人的感觉良好吗？"然后再阅读细节内容。若财务数据未被明确地列示出来，那就准备好应对麻烦。公司是否在报告中提到了存在的问题？如果提到了，是否讨论了可能的解决方案？卡托说，要提防那些拒绝谈论问题，而是轻率地表示"我们有信心克服这种局面"的公司。

以IBM1984年的年度报告为例——因为它相当典型，而且几乎所有投资者都熟悉这家公司，所以这是一个比较好的例子。其封面图片展示的是一位魅力四射的女性正在向一位男士（可能是客户）介绍产品。从封面内侧的内容来看，这位女士是IBM的营销代表，在她的身后放有一个装满IBM程序的箱子。由内页的说明文字可知，程序类产品正以每年30%的速度增长，到1994年，整个行业的收入将超过1500亿美元。"IBM有2500多种不同的程序供客户选择，从最大的308X计算机到最小的台式个人电脑都有适用的程序。"

"黑客们"会认识到，营销代表身后的程序都是为个人电脑设计的，这表明IBM在1984年想让人们关注这一极为成功的产品，而且该公司使用了上述图片而不是过去常用的高科技产品的抽象图纸和照片，这是该公司的营销向消费品而非资本品发力的又一迹象。IBM 1982年的年度报告封面也体现了这一变化，其封面显示的是一个小男孩快乐地敲击着电脑键盘的画面。

这是细节问题，但值得我们关注。

任何年度报告都是由公司内部或其公关公司编制的，公关公司提供服务的方式与时尚设计师向汽车公司提供服务的方式大致相同，也就是说它们会让产品看起来既美观又有趣。引擎盖下的东西可能更为重要——在我们的类比中，这些是由企业管理人员和支持人员提供的统计数据和附注。但形象设计由设计师提供，很多时候，形象设计正是打动潜在买家的因素。10年前，IBM几乎不在乎普通股东买入了什么，因为它的客户几乎都是政府机构和企业。现在，一切都发生了变化，这一点也体现在了IBM年度报告的封面上。

翻开报告的封面，你会看到公司的财务摘要，这是公司1年来的业绩总结。你可以快速浏览一下这部分内容，稍后你还会看到更加详细的信息。你会意识到，尽管前面的数据可能很吸引人（IBM 1984年的数据确实喜人），但它们不足以让你做出判断，就好像医生快速地瞥你一眼或者锤一两下你的胸部后不能确认你的健康状况一样。

翻到下一页，你会发现年度报告中第一个重要的组成部分，即致股东的信。在IBM的年度报告中，这一部分的标题是"致股东"。一些信展示的是首席执行官随意和杂乱的想法，例如菲吉国际（Figgie International）的哈罗德·菲吉（Harold Figgie）详细阐述了不仅是他的公司，还有美国财政部减少负债的必要性；W. R. 格雷斯公司（W. R. Grace & Co.）的彼得·格雷斯（Peter Grace）借致股东的信表达了他对联邦支出的看法；联合碳化物公司（Union Carbide）的CEO对发生在印度博帕尔的毒气泄漏事件做出了谨慎的解释；几年前，宝洁（Procter & Gamble）的CEO几乎只字不提与"信赖"（Rely）牌卫生棉条有关的问题，也忽视了"品客"（Pringles）薯片失败的问题。卡托说，凡士通轮胎和橡胶公司（Firestone Tire & Rubber）CEO的含糊其词达到了登峰造极的地步。这位CEO在1984年致股东的信中写道："在美国，更换轮胎和汽车服务的销售额正以每年30亿~40亿美元的速度增长。"即使在今天，10亿美元的增减幅度也不是个小数目。

伯克希尔-哈撒韦公司的沃伦·巴菲特撰写的1984年致股东的信坦率得令人

愉悦，这封信的篇幅长达19页。他在信中指出公司当年表现很出色，但他补充说："业绩数据看着漂亮，但实际上很平庸。"他解释了个中原因。他没有由此受到影响，一是因为他的投资业绩记录良好，二是因为他拥有该公司的控股权。事实上，如果所有的CEO都能以他为榜样，那么本书的篇幅将大大缩减。巴菲特曾这样解释他的理念："我假设我的妹妹拥有公司另一半的股权，她已外出旅行了1年。她不是商业小白，但也算不上专家。"就坦率程度而言，帕克钻井（Parker Drilling）的CEO是范例，他在致股东的信中写道："帕克1984年的经营很艰难……没有任何迹象表明来年会更好……此时从事钻井业并不好玩。"

在伟达公共关系顾问公司的调查中，致股东的信的重要性排名很靠后，这一点着实令人费解，因为股东往往可以在其中找到专业人士表示希望获得的信息，即关于公司成败的战略的讨论。此外，在致股东的信里通常没有行话，通俗易懂，新手投资者容易理解。显然，这些信件的重要性不如财务报告，但精心写就的此类信件可以提供与公司经营状况有关的洞察，它们不仅有助于了解公司的经营活动，还可为阅读和分析统计数据提供指导。但请记住，致股东的信与损益表、资产负债表和其他"数字项目"不同，它们没有通用的格式，更多体现的是个人风格。从某种程度上说它们是小型的艺术品，必须以这种方式对待。不要指望从我这里获得什么公式，而要把重点放在一些案例上，即什么样的信件是优秀的，什么样的是糟糕的，什么样的没有参考价值，以及做出这些判断的原因。

最后，在致股东的信中，管理层往往会在无意间提供一些有价值的信息，通过这些信息，我们能发现管理层试图以数据掩盖的问题和错误。关键是你必须缓慢地、细致地、以批判的眼光阅读信件内容，尤其是那些可以通过参考报告中其他部分的统计数据或管理层之前传递给股东的信息进行验证的内容。

大公司的大部分致股东的信中会附有高层管理团队的笑脸照，文字内容会表明他们面带微笑是有原因的：一切都很好，你可以相信公司正全力前行。若公司业绩不佳，这封信会告诉你，公司的业绩改进在即。如果公司各项事务进展顺利，这封信会展示公司在各个方面取得的成绩，并表明人们可以期待公司取得更多的成就。同时它也会提到在高度竞争的环境里开展业务面临的固有风险，这样的提示表明管理层未雨绸缪，正在为任何可能发生的事情做准备。信中可能含有与新产品上市、新市场扩张、正在进行的研发或并购有关的内容。如果该公司最近出现在了新闻中，信中也会提及这些新闻。IBM的致股东的信中包含上述所有内容。

要阅读并研究这些信件的内容，但也要认识到，显然，虽然信件的签署人是董事长和总裁，但是撰写人通常是公关人员。这些信件的作用就跟舞蹈演员脸上蒙着的面纱一样，也就是说，它们能够提供一些暗示，让你能透过它们看出背后隐藏之物的形状和形式，但它们本身并不能给你太多的洞察。此外，致股东的信是传说中的7种面纱中的第1种。

但也不全是如此。大多数信件会拐弯抹角地以乐观的口吻提到过去的岁月和发展状况。那些寻求表现出积极进取和敏锐机警特征的管理层会在安全可靠的情况下这样做，他们相信大多数投资者不会保留公司的旧报告，投资新手也不会费劲去附近的学院或大学图书馆查找这些报告或从信息披露公司处获取细节信息。查阅过去几年的致股东的信总是很有用的。它们的内容相互矛盾吗？措辞过于乐观吗？如果是的话，这可能表明该公司根基不稳。希德·卡托建议你对比一下各年的报告，看看在好年景中是否附有很多图表，而在坏年景中却没有或鲜有图表。"果真如此的话，我会说他们是骗子。"

投资者应该花些时间和精力做这样的比较，可能十次里面前九次你都没有什么收获，但第十次就能帮你省下一大笔钱。

也许这方面最好、最具戏剧性的例子就是国际收割机公司（International Harvester）。这家公司的股票曾是道琼斯工业平均指数的成分股，1979年其收入为84亿美元，股价高达45.5美元。在我看来，该公司1980年致股东的信是我见过的试图淡化困境的最明显的例子之一。其信件不是最典型的，但它包含着许多警示元素，警示投资者要远离其股票。

1980年该公司面临困境，CEO阿奇·麦卡德尔（Archie McCardell）在报告中说，公司收入降至63亿美元，亏损严重，股价腰斩。不出所料，麦卡德尔在1980年致股东的信中满怀希望，可能会让投资者相信，公司最黑暗的时刻已经过去，公司的股价已经触底，投资者在那年春天以20美元出头的价格抄底是很明智的做法。在这一案例和其他本章即将讨论的案例中，投资者应该将这封信的内容与年度报告中其他部分列示的统计数据进行对比，对这些数据的含义稍有了解的人很容易就能读懂。对于不了解这些数据的含义的人，我将在后续的章节中提供一些指导方法和提示。下面将介绍此类问题并剖析一封有趣的致股东的信（全文转载）。阅读它并思考它展现出来的光明的前景、乐观的语气和"未来就在前方"的行文——一片葱茏的草地，但下面埋着几颗可随时能爆炸的地雷。

致股东：

成功地应对挑战是公司延续了150年的传统。

1831年，赛勒斯·麦考密克（Cyrus McCormick）和他的收割机经受住了市场严酷的考验，证明了自身的强大实力。此后，发端于麦考密克的收割机的公司日益发展，成长为了世界级的行业领头羊。今天，公司正依靠人才、产品和战略成功地应对第二个150年的新挑战。

进入1981年，为了改善成本结构，提升产品和市场优势，最大限度地利用公司资源——包括人力和财力资源，公司实施了一项专注的长期战略。

我们朝着目标加速前进的步伐在过去两年对比鲜明的市场中得到了充分的体现。在1979年扩张市场的过程中，我们扩大了生产能力，赢得了市场份额，削减了多余的运营成本，增加了对未来的投资，并获得了创纪录的利润。1980年，我们遇到了行业需求急剧下降、利率提高、罢工等多方面的挑战。罢工导致美国的大多数工厂在前6个月内无法开工，公司负债增加。

国际收割机公司1980下半财年的业绩再次证明了公司的雄厚实力及其长期战略的有效性。

国际收割机公司在罢工期间因存货短缺而遭受侵蚀的市场份额得以恢复。

农业设备集团（Agricultural Equipment Group）在最后3个月里创下了有史以来最高的季度销售纪录。从同一时期美国中型和重型车辆的登记注册数据来看，卡车集团（Truck Group）在业内的领导地位已然恢复。新成立的多元化集团（Diversified Group）提高了金融服务业务和大多数涡轮机械型号的市场份额。

这样的市场复苏反映了新老客户对国际收割机公司产品和服务的偏好已经确立，并且在不断增长，也证明了我们的经销商和分销商组织的实力，现在我们约有5800个经销商和分销商。5月份美国的生产恢复后，这一销售网络迅速地将产品交付给了我们的客户。

在市场需求下滑期间，我们保持经销商库存精简的策略，帮助经销商避免了高额的利息成本和不利于竞争对手经销商的降价，进而加强了我们的销售网络。

公司进一步推动战略，改善了对财务资源的使用。尽管产量有所减少，但公司在后6个月里超额完成了成本削减目标。如今，公司的年运营成本比3年前减少了4亿多美元。合理地利用财务资源后，以我们目前的业务水平来说，我们所需的营运资金比5年前大幅减少了。

由于罢工的影响，公司的负债在第三季度达到了峰值。公司第四季度的短期负债比第三季度的减少了5.62亿美元，总负债减少了4.88亿美元。

公司在应对这些短期挑战的同时不忘为未来的发展进行谋划。公司为研发投入了2.55亿美元，为更高效的厂房和设备投入了3.84亿美元，均创下了历史新纪录。公司继续通过培训并招募最优秀的人才加盟来提升现有管理团队的水平。

我们利用这些优势来应对史无前例的挑战。我们的大部分市场在1980年的最后一个季度里触底反弹，北美农业设备市场开始出现了好转的迹象。然而，在我们服务的所有行业中，利率的重新上升再一次对客户的需求带来了压力。

在公司的长期战略规划中，这些都被视为我们服务的周期性市场的内在因素。根据1981年的计划，我们将在经济低迷时期减缓对许多领域的投资。为了能在经济不确定时期保持财务的灵活性，在1981年第一季度，我们将普通股的股利从每股62.5美分降至30美分。我们将进一步推进运营成本降低计划的实施。我们将密切关注需求，但会保持经销商和公司的低存货，直到出现好转迹象。

预计今年晚些时候利率会下调，市场需求会复苏，同时，公司将会推出创纪录数量的新产品和换代产品中的新技术，这会影响公司三分之一以上的销量。其中一些新车型属于公司一直保持领先的领域，例如重型卡车、拖拉机和联合收割机等。公司推出另一些车型则是为了开辟有利可图的新市场。

公司为1981财年带来了新的优势。

从公司近期的历史来看，我们的盈利能力是无与伦比的，而且还在不断提高。我们因罢工而一度中断的市场份额增加趋势现在又恢复如初了。

客户对我们产品的偏好度是几十年来最高的，这是公司的一大传统优势。我们的重型和中型卡车、2+2农用拖拉机、轴流式（Axial-Flow）联合收割机、火星牌（Mars）涡轮机和466柴油发动机等产品是市场上公认的标杆。

大力升级我们的经销商网络使我们在主要的市场，特别是在北美卡车市场以及在北美和欧洲的农业设备市场拥有了有史以来最强大的销售网络。

凭借这些优势，公司已经准备好继续度过经济衰退期，并且能充分利用市场的复苏机会。这是一项艰巨的任务，需要整个组织的人积极努力。我们期待着这一目标的实现。

成功地迎接挑战是我们公司延续了150年的传统，我们会在接下来的一个半世纪中沿袭这一传统。

董事会主席兼首席执行官，阿奇·P. 麦卡德尔

总裁兼首席运营官，沃伦·J. 海福德（Warren J. Hayford）

请注意，在这封信里，麦卡德尔首先回顾了公司150年的历史，接着谈到公司目前"专注于改善成本结构的长期战略"，这样的话是公司面临麻烦的明确警示。他接着说，"国际收割机公司1980下半财年的业绩再次证明了公司的雄厚实力及其长期战略的有效性"。那么，1981财年的前景如何呢？按照这位CEO的说法，"从公司近期的历史来看，我们的盈利能力是无与伦比的，而且还在不断提

高。我们因罢工而一度中断的市场份额增加趋势现在又恢复如初了"。

从年度报告其他部分的内容中我们了解到，上述罢工对公司上半年的业绩造成了严重的不利影响，因此，在下半年，旧订单的窟窿会被填补，业绩数据必然会好看一些。从年度报告最后列示的经营情况表中可知，该公司1980年下半年持续经营业务的每股收益为2.65美元，而1979年同期的为6.98美元，这很难说是一个强劲的表现。更糟糕的是，该公司1980年最后一个季度的每股收益为0.64美元，而1979年同期的为4.79美元。从这一点来看，我们可以判定麦卡德尔在虚张声势，强装镇定，他希望读者不会将信中的内容与报表数据进行对比。虽然麦卡德尔可能相信自己说的话，没有故意误导读者，但文字和报表数据之间的明显差异也会提醒读者，该公司的年度报告内可能会出现更多不一致的地方。

所以在几段之后我们看到，"由于罢工的影响，公司的负债在第三季度达到了峰值。公司第四季度的短期负债比第三季度的减少了5.62亿美元，总负债减少了4.88亿美元"。通常情况下，负债减少是好事，尤其是这么大的额度，但我们有理由问，公司是如何在收益有限的情况下减少负债的呢？一切都反映在财务报表中。从中我们了解到，在1979年至1980年间，公司的短期负债从6.82亿美元增加至惊人的11.3亿美元，而在同一时期，长期负债加上优先股的金额从7.58亿美元增加到了12.57亿美元，负债额共增加了9.48亿美元，而且是在高利率背景下增加的。罢工、利息飞涨以及经济衰退结合在一起对该公司的财务造成了严重的不利影响。经济复苏使公司减少了一部分负债，但1980年末的负债总额比1979年末的高出了9.48亿美元，在致股东的信里没有这一信息。

这种深度的内容大概是投资者希望在年度报告中看到的。对这封信的大部分内容进行分析并与一些基本的报表数据进行对比后你会发现，该公司仍然深陷困境，应该避免买入其股票。

两年后，该公司的股价跌至2.75美元。仔细阅读和分析1980年年度报告里的那封致股东的信，你就可以预测到其股价未来的大致走势。

安德鲁公司（Andrew Corp.）是一家备受推崇的电信公司，它的例子说明了年

度报告和季度报告里的乐观表述是如何误导读者的。该公司的收益在1981——1984
财年里大幅增长，人们似乎没有理由不去相信这一增长趋势会延续下去。

在截至1984年12月31日的第一季度的报告中，安德鲁公司公布的每股收益为
0.42美元，虽然高于上一年同期的0.38美元，但未达到分析师的预期。管理层承
认公司存在一些问题。他们在致股东的信的开头说："1985财年第一季度的业绩喜
忧参半，"接着他们指出，尽管净销售额"比1984年第一季度增加了27%"，但新
订单量比前一年减少了1%。他们接下来分析了原因，最后他们总结说："从各方
面考虑，我们相信，在接下来的几个季度内，公司的盈利能力将大幅提升。目前
我们预计第二季度的订单量将大幅增长，因此上半年的订单量将比1984年同期的
增加20%或更多。"

安德鲁第二季度的收入为4960万美元，每股收益为0.15美元，而1984财年同
期的收入为4880万美元，每股收益为0.41美元。盈利能力是下降了而不是提高了，
人们可能已预料到，安德鲁公司的管理层在撰写第一季度致股东的信时，至少已
经对这一点有所察觉。管理层在第二季度的致股东的信中做出了这样的解释：

按照我们惯用的可靠程序，我们计划1985财年的销售额增加20%或更多，同
时费用预算也会相应增加。第一财季的结果有点让人失望，但不足以表明与计划
存在重大差距。

到2月底，我们的两家最大的电信公司MCI和GTE斯普林特公司（GTE
Sprint）显然正在推迟或削减其大型项目的建设，因此1985年的订单和销售额的增
幅将大大低于预期。

随之而来的是更多的问题、裁员和其他削减开支措施的消息，甚至连董事会
副主席罗伯特·E. 霍德（Robert E. Hord）也辞了职，说要把更多的时间和精力投
入艾琳·S. 安德鲁基金会（Aileen S. Andrew Foundation）的慈善活动中去，而另一
位董事胡安妮塔·A. 霍德（Juanita A. Hord）也辞职了（没有给出任何理由）。奥古

斯特·格拉西斯二世（August Grasis II）在担任该公司副总裁一职20年后宣布退休。"他将继续担任该公司的顾问。"

安德鲁公司认为其第三季度的经营可能会很困难，但预计第四季度会实现强劲的复苏。

即使该公司有这样的预测，你也要意识到，突然出现的人事变动通常表明该公司的经营不会像它想让股东相信的那样迅速好转。

在截至1986年6月30日的第三季度的致股东的信里，安德鲁公司表示："由于我们最近的预测表现不太好，我们决定不再对未来的销售额和收益数据做预测，直到我们重拾信心。"看到该公司的这一表态时，我不由地笑出了声。

苹果电脑公司（Apple Computer）是微型计算机行业的佼佼者，它发送给股东的1985财年第一季度（截至1984年12月31日）的报告配有大量插图，色彩斑斓，并且包含许多页。该公司在报告中列出了令人印象深刻的数据：每股收益为0.75美元，而上一年同期的为0.10美元；收入为6.983亿美元，上一年同期的为3.163亿美元。致股东的信词藻华丽，例如"创新的新营销计划……伟大的新产品……惊人的结果"等。考虑到相关的数据，其中的一些言辞或许并不算过分。报告接着提及了"在个人电脑市场上争夺领头羊位置的两大公司"，不言而喻，这指的是苹果电脑公司与IBM之间的激烈竞争，其他公司几乎没有参与的份儿。苹果电脑公司承诺说："我们将继续奋勇前进，并保持领先地位。"

其中有一张图片占了整整两页的篇幅，它展示了苹果电脑公司位于得克萨斯州卡罗尔顿的高度自动化的新工厂，在这里"每10秒钟就有一台苹果IIC机从生产线中被制造出来"。工厂里的工人们看起来都很开心。他们确实有理由开心，因为他们的工厂被视为高科技前沿阵地，是包括IBM在内的行业内其他公司效仿的典范。

苹果电脑公司截至3月29日的第二季度的业绩不太好，事实上，是令人失望。这一季度的收入为4.353亿美元，每股收益为0.16美元，上一年同期的收入为3.010亿美元，每股收益为0.15美元。

管理层在这一次致股东的信中措辞低调多了，他们没有谈及与"蓝色巨人"IBM的竞争，而是说"我们已经公布了一项**与IBM共存**的战略"。此外，财务副总裁兼首席财务官约瑟夫·A.格拉齐亚诺（Joseph A. Graziano）也离开苹果电脑公司"另谋高就"了。公司还进行了一次总体的人事调整，这件事虽然在信中有适当的提及，但被淡化了。

管理层表示：

这一行业的快速增长和变化可能会带来巨大的压力。尽管如此，苹果电脑公司营造了促进创新、吸引顶尖人才的环境。我们的员工流动率是硅谷公司中最低的，事实上，也是财富500强公司中最低的。公司不仅能吸引顶尖人才加盟，还能留住他们。公司为他们提供丰富的资源，让他们人尽其才。

与阴郁的消息和语调相适应，这一次的季度报告没有彩印。原先的工厂图片也消失了，取而代之的是著名的经济顾问艾伦·格林斯潘（Alan Greenspan）引人注目的肖像，照片中他的脸上流露出极度怀疑的表情（还是说这是我的想象？）。

第二季度的截止日期为1985年3月29日，季度报告于一个多月后公布。5月5日，苹果电脑公司宣布，由于麦金塔XL（Macintosh XL）机型停止生产，它将在圣何塞（San Jose）解雇75名员工，在卡罗尔顿（第一季度的报告中提到的那家工厂）解雇100名员工。此外，在5月底，苹果电脑公司裁掉了大约80名员工。在圣何塞，一家生产温彻斯特（Winchester）磁盘驱动器的工厂关闭。6月14日，公司宣布解雇1200名工人，占其工人总数的21%，关闭三家工厂，包括那家曾经在报告中展示的位于卡罗尔顿的工厂，以及其在截至6月30日的第三财季里出现亏损。此外，公司宣称其正在进行另一项重组，公司的创始人之一、董事长史蒂夫·乔布斯（Steve Jobs）将退出活跃的日常运营工作。

看到这些内容时，没人会感到满意，但我必须指出，苹果电脑公司内部一定出问题了，而这些问题在逐步加重的过程中**从未向股东透露过**。这意味着左手不知道右手在做什么。

苹果电脑公司在向股东发送的截至1985年6月28日的9个月报告中讨论了关闭三个生产基地、采用新的组织结构以及裁掉1200名员工的问题。

在就建立适宜的组织机构进行了大量的沟通之后，与往常一样，总裁兼CEO约翰·斯卡利（John Sculley）和董事会主席史蒂夫·乔布斯签署的致股东的信简明扼要地评论说，史蒂夫·乔布斯将继续担任董事会主席，参与公司的成功。然而，我发现了有趣的一点：苹果电脑公司股东报告的封面上有一张"苹果电脑公司高管团队——新组织的缔造者"的照片，里面没有乔布斯。

事实证明，此次大改组给苹果电脑公司造成了巨大的痛苦，但它是该公司发展历程中的一个重要转折点。后来管理层在致股东的信中进一步阐明了这一事实。苹果电脑公司在截至1985年9月27日的财年报告中称，作为大改组的一部分，乔布斯负责的麦金塔部门于6月份被并入了产品运营集团（Products Operation Group），不久后乔布斯辞去了董事会主席一职。即使是随意地翻阅苹果电脑公司当年的年度报告你也会发现，该公司现在更加精干、更具有竞争力了。

斯卡利是苹果电脑公司的老将。事实证明，重组的短期代价是高昂的，但从长期来看，其组织更加明确和高效了。截至1985年12月27日的第一季度报告记录了该公司削减成本的战果。该公司第一季度的收益为5690万美元，每股收益为0.91美元，创了历史新高。上一年同期的收益为4610万美元，每股收益为0.75美元，但令人惊讶的是，一看损益表你就会发现，该公司的销售额有所下降。成本削减和重组提高了利润率，改善了存货管理。存货从1984年12月28日的2.612亿美元下降到了1985年12月27日的1.083亿美元。而同期公司的销售额从6.98亿美元下降到了5.33亿美元。

在截至1986年3月28日的6个月内，苹果电脑公司的利润率再次显著提高。我在1986年6月16日发布的《收益质量报告》中向我的订阅者们传达了如下对苹果电脑公司的评论：

苹果电脑公司——在截至1986年3月28日的6个月里，苹果电脑公司的每股收益为1.40美元，而在截至1985年3月29日的6个月里，其每股收益为0.91美元。

背景信息：以下的统计数据非常惊人。在截至1985年3月29日的6个月里，其销售额为11亿美元，而在截至1986年3月28日的6个月里，其销售额下降为9.43亿美元。在同一时期内，苹果电脑公司的现金和现金等价物投资从1.94亿美元飙升至了5.18亿美元，存货从2.6亿美元减少至1.02亿美元。

苹果电脑公司重组的一个关键结果是，其销售成本占销售额的比例大幅下降了，如下表所示。该表提供了苹果电脑公司从1983年4月1日至1986年3月28日的6个月净销售额，以及销售成本占净销售额比例的数据。

销售成本占净销售额的比例大幅下降

单位：千美元

截止日期的 6个月里	1986年 3月28日		1985年 3月29日		1984年 3月30日		1983年 4月1日
净销售额	942,833		1,133,641		616,332		442,275
		− 16.8%		83.9%		39.3%	
销售成本	440,542		675,731		361,156		209,474
		− 34.8%		87.1%		72.4%	
销售成本占净销售额的比例	46.7%		59.6%		58.6%		47.3%

解释：上表显示，在1985年3月29日至1986年3月28日期间，苹果电脑公司的净销售额下降了约17%，而销售成本下降了近35%。同期销售成本占净销售额的比例从59.6%降至46.7%。降低的成本相当于税后每股0.94美元。

在截至1986年6月30日的第三个财季里，苹果电脑公司将再次从大幅降低的销售成本占比中受益。从经营的角度来讲，对该公司最为关键的时期是截至1986年9月30日的第四财季和1987财年，那时该公司的销售成本占比不会再显著降低了。

还记得科尔克公司（Coleco）之前有多风光吗？经过 1 : 2 比例的拆股后，在不到一年的时间里，其股价就从 3 美元飙涨到了 65 美元，并于 1983 年夏天到达了顶峰，而且其前景看似一片光明。凭借科尔克视觉游戏机（ColecoVision）成为家庭娱乐行业领导者的科尔克公司，此前宣布其将推出低成本的亚当家用电脑系统（Adam Family Computer System），它打算靠这款产品与雅达利（Atari）和准将国际（Commodore International）等公司相抗衡。公司管理层由董事长伦纳德·格林伯格（Leonard Greenberg）和他担任总裁的兄弟阿诺德·格林伯格（Arnold Greenberg）领导。外界认为这个管理团队积极进取、精力充沛、想象力丰富。1975 年，科尔克公司还只是一家值 7100 万美元的泳池和玩具制造商，在管理层的英明领导下，8 年后它变成了一家值 5 亿美元的受人关注的公司。一些分析师预测，未来几年该公司的市值将达到 10 亿美元。

那些在 1982 年买入了科尔克公司股票并在第二年夏天卖出的投资者获得了惊人的收益。我是第一个提出采用我的分析方法会避开这只股票的人，从另一方面来讲，若一些投资者采用了我的分析方法，他们就不会遭遇我们这个时代的一次股票大暴跌了。

分析该公司 1983 年的资产负债表可以发现，它将来会遇到麻烦，因为其存货数量异常庞大——这是公司未来会遇到麻烦的最明确的迹象之一。但我第一次对该公司产生怀疑是在对比分析了其致股东的信以后。

格林伯格兄弟在 1973 年致股东的信中说："我们有信心在 1974 年实现销售额和收益的大幅增加。"这没有什么不寻常的，公司管理层经常做出这样的预测，且准确地说就是以这种说辞。但事实上，1974 年该公司的每股收益下降了 50% 以上，由前一年的 0.16 美元下降为了当年的 0.07 美元。管理层再次如法炮制，预测 1975 年的"收益将增加"。唉，即使 1975 年该公司的每股收益降到了 0.01 美元左右，这兄弟俩仍然信心满满，宣称"对科尔克公司来说，这是失望和进步并存的一年"。

事实上，更美好的时光就在眼前。1976 年，科尔克公司的收入增长了 65%，每股收益增加到了0.34美元。管理层在1976年致股东的信中热情地谈论了公司出品的电子游戏得到认可，它取代泳池成了公司的主导产品线，公司的资产负债情况大为改善，存货也变得更加合理了。格林伯格兄弟得出的结论是："我们预计，公司1977年将再次创下经营业绩纪录，销售额和每股收益都会大幅增长。"但结果并非如此。用管理层的话说，"1977年科尔克公司经营困难，结果令人失望"。原因是罢工及其引起的生产延迟。当年公司的每股收益降至0.12美元，另一个警示信号也出现了：科尔克公司的独立审计机构普华永道（Price Waterhouse）对其出具了"保留意见"的审计报告，并从1978年5月起不再为其提供审计服务。

年度报告中的这句话值得我们警惕——"可以说1978年是巩固战果的一年"。巩固战果？公司亏损了2230万美元，每股损失了1.62美元，这被归咎于"价格不断下降"和一系列的其他问题。如往常一样，管理层依然对前景感到乐观。

当然，当时没有多少人关注科尔克公司，但这些报告已被存档，可供那些不久后意识到该公司存在问题的人查阅。

不久之后，全国各地掀起了一股电子游戏热潮，投资者们对这一业务的兴趣大增。1979年和1980年，该公司的收入和每股收益都显著提高，致股东的信的语调也变得欢快起来。但麻烦很快就出现了。也许是意识到比以往任何时候都多的目光正盯着他们，格林伯格兄弟在1981年3月发布的致股东的信中使用了谨慎的措辞。他们承认第一季度的业务量"与前一年相比增幅不大"，但预测说"接下来的9个月的业务量相比上一年同期的将大幅增加"。他们的预测又一次与实际不符了。当年该公司的每股收益下降了45%，仅为0.51美元，收入为1.78亿美元。他们给出的理由是：电子游戏的销量出现了下滑。

人们发现管理层的预测记录实在不怎么样，因此对该公司1982年取得3亿美元销售额的预测产生了怀疑，这个数字是管理层在订单出现积压和市场对新产品的反应良好的基础上预估的。管理层又一次犯了严重的错误，不过让股东们高兴的是，这一次管理层低估了自己：该公司当年的收入达到了5.1亿美元，每股收益高达2.90美元。因此，该公司成了华尔街的宠儿。

　　要是你在1983年的投资现场，你可能会回想起华尔街当时是如何吹捧科尔克公司的。在年初完成了1∶2的拆股后，其股票成交量大增，股价大涨。该公司推出的电子游戏《大金刚》（Donkey Kong）与之前大热的游戏《吃豆人》（PacMan）一样销量大增，这些游戏和其他产品的销量超过了300万套。科尔克公司是唯一一家可为三大系统［它自己，雅达利和美泰公司（Mattel）］生产家用视频游戏软件的公司。公司宣称其亚当家用电脑将在圣诞节旺季上市。1982年管理层在致股东的信中预测说，该公司1983年的收入将达到8亿美元，从这一数字可以推断出，其每股收益也将创下新高。

　　在此期间，投资者很容易被该公司的股票所吸引。其股价不断上涨，电子游戏成为时尚，该公司成了投资界的宠儿。因此，你读了报纸上专栏作家的文章，浏览了几家经纪公司和投资咨询公司的报告，看了一些商业电视节目，和朋友讨论了一下之后，下单买入几百股（或更多）该公司的股票。你的经纪人祝贺你入手了一只好股票，你也养成了定期打电话询问其最新股价的习惯。

　　我对这些都没有异议，但我建议，你应该翻阅一下该公司之前的年度报告，特别是致股东的信（还应当仔细审视一下其资产负债表）。当你这样做了时，你就会对格林伯格兄弟做出的任何预测持保留态度了。

　　在1983年的前9个月里，科尔克公司的每股收益为1.71美元，而前一年同期的为1.93美元。到了初秋，其股价已腰斩，跌至30美元左右。看涨的人说，不必害怕，圣诞节的销售会拯救该公司，使其早先的预测变成现实。市场上每周都会出现有关亚当家用电脑的新传闻，但很少有人见过实物，尤其是那些得到了该公司将在圣诞节购物旺季发货承诺的零售商。管理层愤怒地否认了生产混乱和质量控制不到位的传言，并重申在圣诞节期间商店里将会有50万台亚当家用电脑出售。

　　到了12月初，该公司承认目前只生产出了14万台这款新电脑，但零售商表示，他们看到的成品远不到14万台。现在，管理层将发货量的预测值降低到了40万台。阿诺德·格林伯格告诉记者，公司在纽约州阿姆斯特丹的工厂每天生产

2500台亚当家用电脑，到1月中旬将增加至每天7500台。圣诞节期间商店里很可能不会有充足的备货。回想一下他在1984年初放的"烟雾弹"，他当时预测说，这款产品"在1984年第一季度，最迟在上半年"会给公司带来利润。

1983年，科尔克公司每股亏损0.48美元。当时我对联合专栏作家丹·多夫曼（Dan Dorfman）说："你能相信一个经常预测错误的人吗？答案是不能。"

"血洗"不久就开始了。科尔克视觉游戏机遭遇惨败，亚当家用电脑被证明中看不中用，这导致公司损失了1.19亿美元。1984年，科尔克公司报告每股亏损4.95美元，股价跌至9.625美元。

我们以国际收割机公司和科尔克公司的致股东的信为例说明了投资者可能面临的陷阱，以及在评估这些信件时应该搜寻哪些信息。这并不是建议你不要买入那些管理层夸夸其谈的公司的股票，毕竟，股价可以随着梦想和现实而波动。约翰·梅纳德·凯恩斯（John Maynard Keynes）曾经写道，如果你想知道哪位选手将在选美比赛中胜出，那你就要分析评委而不是参赛选手。我觉得他的话很有道理。换句话说，如果你认为某家公司的管理层说的话具有欺骗性，但公众还没有意识到这一点，那么你就有理由相信，随着公司总部放出利好消息，其股价就会上涨，此时你有可能想买入其股票。凯恩斯不仅是20世纪最伟大的经济学家之一，也是一位非常成功的投资者，他确实就是这样投资股票的。但是如果你在清楚公司管理层信誉的情况下买入该公司的股票，就要知道，一旦投资者发现了真相，一切都可能分崩离析。如今，崩溃可能在一个交易日甚至更短的时间内发生。

同样，诚实、明智和乐于提供信息的信件也不应该促使你买入，因为这些信件中所包含的信息可能表明你需要采取相反的策略。毕竟，你寻求的是能让你做出投资决策的最佳信息。你通常可以从精心写就、内容真实可靠的信件中搜集到这些信息，但你必须知道如何识别它们。

我不仅会看管理层的预测，还会分析他们做出这些预测的依据。人们经常在致股东的信中看到夸张的、乐观的以及"光明的未来就在眼前"这类言辞，大多数管理层以为，股东和分析师看到它们时内心会感到宽慰，但在这一切背后（或许也包括面前），要以实质性的内容做支撑。最重要的是，管理层应该剖析公司面临的困难，而不是隐藏或忽略它们。坦诚地讨论问题并思考适合的解决方案是可信任的管理层的标志性做法。也就是说，这样的管理层不一定能带领公司取得辉煌的业绩，进而导致公司股价上涨，但他们可以提供能促使你做出明智投资决策的材料。同时还要记住这一点：能力强的管理层确实能解决问题、识别机会，而且往往能带领公司比同行业的其他公司取得更优异的业绩。

我最喜欢的致股东的信之一来自考伯斯公司（Koppers Co. Inc.），它是一家总部位于匹兹堡、价值16亿美元的多元化制造企业，其经营的业务具有较强的周期性。1984年该公司曾经历过一段艰难的时光，在致股东的信中，其CEO查尔斯·R. 普林（Charles R. Pullin）详细通报了公司面临的问题以及解决方法，所有这些都使得他的预测极具说服力。

他在信的开头写道："这是喜忧参半的一年，"尽管他的措辞很乐观（在这类信件中谁的措辞不乐观呢？），但他补充说，"离大家为我们的表现感到自豪还有很长的距离，但我们确实是在朝着正确的方向前进。"最终的结果似乎挺不错——1984年该公司的每股收益为1.46美元，而1983年的为0.42美元。但普林明确表示，事实不像看上去的那么美好："还需要扣除1984年年末计提的一大笔一次性费用后才能得到真正的营业利润"，这样的话该公司1984年从持续经营活动中获得的每股收益就降为了0.97美元，而上一年的为0.78美元。所有这些都在随附的表格中做了明确的说明，表格包含两栏内容，第一栏为"问题"，第二栏为"解决方案"，他在其中详细分析了公司遇到的困难和解决方法。问题包括熟悉的美元走强、几个业务部门中止经营以及上诉案中陪审团对公司的不利裁决等。

从信中贯常出现的、所附的集体照中也能感受到普林的坦诚。照片中的他坐在一张桌子旁，周围有四个人，看起来像是公司高管。乍一看，普林好像忧心忡忡，但细看后便可知，他只是在竭力倾听其中一个人说着什么。令人欣慰的是，这位董事长至少想通过这张照片让股东们知道，他乐于倾听他人的想法。因此，无论他说了什么或者写了什么，我都能接受。

这样的致股东的信能提振考伯斯公司的股价吗？它是否表明读者应该买入其股票？不一定，但它确实能提振读者对该公司的信心。我更愿意读到这样的信件，而不是那种夸夸其谈、华而不实的信件。

出于职业本能我会怀疑公司的动机，因此会从各方寻求验证。我注意到，考伯斯公司费心提供了一份各部门业务的详细细分，并配有完整的统计数据。深入研究后我发现，该公司几乎把10-K报告的全部内容放进了年度报告里，这便于股东获知尽可能多的信息，就像他们可能从美国证券交易委员会的文件那里获得的那样多。

偶尔我会看到这样的一些信件：它们清楚地展示了公司存在的问题和发展潜力，说明了公司的现状，并为读者分析报告其余部分的内容提供了必要的指导。事实上，公司管理层写致股东的信的主要目的就在于此。安普（AMP）的致股东的信就是一个范例。该公司是制造电气和电子行业中使用的连接器的大企业，面向的这两个领域都增长迅速且非常具有吸引力。以下展示的是该公司1984年致股东的信的开头几段内容：

整体来看，公司1984年的业绩良好，高于我们的长期均值。销售额增加了20%，收益增加了23%。事实上，若货币汇率保持不变，销售额会增加23%，收益会增加30%。然而，这是反差极大的一年。始于1983年1月的复苏一直持续到了1984年春。强劲的经济增长和繁荣的电子产品市场导致第一季度的订单额达到了创纪录的5.49亿美元，1984年第二季度的销售额和每股收益分别达到了创纪录的4.772亿美元和54美分。然而，由于下半年经济放缓和美国电子市场的重大调整，再加上美元汇率走强，第四季度的订单额减少至3.4亿美元，销售额减少4.234亿美元，每股收益降至37美分。

销售额的下降给公司确保利润率带来了压力。在秋季实施招聘限制之前，我们已在上半年招募了2400名员工，在第三季度初又招募了800名员工，大部分都是国内制造基地的员工。为应对销售额的下降，公司减少了不必要的开支和活动，大多数国内生产工人在第四季度休假一周，且公司在年终假期的那一周关闭。尽管销售额减少了5380万美元，公司季度平均人数增加了1300多人，但由于人力成本的降低，加上一般费用预算大幅收紧，税前利润率的降幅得到了控制，即税前利润率从第二季度22%的峰值下降到了第四季度的17.1%。

由于国内业务的增长在夏季放缓，我们虽然对已开展的项目继续资本支出，但已开始缩减投资规模并推迟新项目的启动。其结果是，资本支出额在下半年达到了顶峰。总支出额从1983年的1.276亿美元增加到了1984年的2.557亿美元，大约翻了一倍。1985年的支出总额可能接近2亿美元。购买新产品模具、提高生产率和质量的设备以及为未来的增长做准备需要持续高水平的资本支出。

我们应该记住，尽管许多人在阅读致股东的信的过程中获得了乐趣，但作为投资者，我们应该把它们视为信息源，而不是文学杰作或励志散文。我承认，在阅读很多年度报告的过程中我很开心，但是，除非我在阅读它们之后对公司的真实发展前景有了更深入全面的了解，并对其股价的走势有了一定的判断，否则我的阅读就只是一种消遣，而不是一种研究。

第 **4** 章

差异化披露

别让这一章的标题把你搞糊涂了。这里的差异化披露指的是公司在不同的文件中披露的内容可能存在明显的差异，或者是一份文件就某个特定的主题比其他文件披露了更加完整的信息。

我这里指的不是新闻稿和记者采访稿，而是股东和其他利益相关方很容易获得的邮寄资料、上文提及的年度报告和季度报告以及10-K和10-Q报告。

当你发现公司的年度报告、季度报告与其按规定向政府提交的文件之间存在重大的差异时，你要谨慎行事。

企业差异化披露信息的原因是显而易见的。年度报告和季度报告是面向股东的，在管理层看来，大多数股东对光鲜亮丽的展示和夸张的文字印象深刻，不太重视统计数据和附注。10-K和10-Q报告是提交给美国证券交易委员会的官方报告。面对公司业务的下滑和竞争的加剧，若CEO在致股东的信中预言了美好的未来，他不会坐牢（尽管近年来一些批评人士建议将此类预测纳入提交给美国证券交易委员会的文件中），但如果10-K和10-Q报告不符合美国证券交易委员会的规定，CEO可能会陷入麻烦。一般来说，年度报告的叙述部分是在公共关系专家的协助下写就的，而财务部分则由公司的会计人员编写，并经由外部审计师审核。10-K报告则由会计师和律师直接负责。

你可能会想，若真是这样的话，为什么我们还要浪费时间阅读年度报告和季度报告呢？要看到更准确的表述，直接阅读10-K和10-Q报告不就可以了吗？我们已在前面给出了这个问题的部分答案，即只有通过致股东的信才能了解管理层行动和决策背后的想法和理由。CEO们会在致股东的信中谈论他们制定和实施的战略，为过去的举措辩护。如果足够幸运的话，你还可能看到他们的规划。此外，如前所述，对CEO们的陈述进行比较研究可验证它们的可信度。

我们将在后面进一步讨论分析年度报告和季度报告之所以非常重要的其他原因，但此刻我们先假定，公司提供的所有文件都是值得阅读的——当然，前提是它们是由专业的人完成的或者经由专业的人审核过。此外，有时你会发现年度报告里存在相互矛盾的地方。

宝洁1984年的年度报告就是个好例子。在截至1984年6月30日的财年里，宝洁的每股收益为5.35美元，而1983年的为5.22美元，这算不上什么惊人的进步。另外，该公司透露，每股收益提高的部分原因是公司税率的变化，因为该公司的税率从1983年的44.1%降至了1984年的37.6%，这相当于每股0.56美元。最后，1984年的数据中包含了每股0.18美元的特殊项目收益，而1983年的特殊项目收益为每股0.10美元，均是由股权转债权产生的。因此，该公司在1984年的营业收益实际上是下降的，管理层在年度报告后面的分析和讨论部分也提及了这一事实。

管理层在致股东的信中解释说："些许的收益增长……反映了扩宽公司产品的成本，预示着企业的长期健康和活力。"因此，宝洁似乎相信，对新产品的投资将使它获得丰厚的回报。一切都很好，新产品投资是活力和健康的标志。正如我们看到的，在某些新产品领域，营销费用的增加可能预示着更多的利润即将出现（我们将在第5章详细讨论这一话题），但近来洗漱用品和相关产品的情况并非如此。

家庭结构的变化正在对公司的业绩产生影响。一位曾在宝洁工作过的广告部主管表示："传统的家庭主妇购物时通常很精明，她们不可能买牙膏泵之类的商品，今天的消费者却会喜欢这类噱头，但宝洁可能看不到这一点。"

考虑到核心家庭的解体、双职工家庭、妇女解放以及相关的社会变革，男性购物者增多了。研究表明，在43%的情况下，丈夫选择的品牌会与妻子的不同。因此，宝洁长期在行业内处于领先地位的佳洁士（Crest）牙膏正受到高露洁（Colgate）的严重挑战。此外，宝洁的汰渍（Tide）洗衣粉也受到了威斯凯（Wisk）的威胁，曾在一次性纸尿裤市场占据了75%份额的帮宝适（Pampers）在1985年的市场份额下降到了不足33%。

过去加大广告投入曾使宝洁的市场份额有所增加，但现在却起不到同样的作用了。奥美广告（Ogilvy & Mather）的高级副总裁克利夫·安格斯（Cliff Angers）在一份有关宝洁的报告中写道："老方法不像过去那么奏效了。"

宝洁在其年度报告中没有讨论这些基本问题——与我的预判相符，但它在年度报告的分析和讨论部分做了这样的解释：除了积极的投资计划外，"公司的许多知名消费品品牌在美国都面临着剧烈的竞争"。意思是说，竞争对手们已经"迎头赶上"了。这将成为公司长期面临的问题，这一点也可以从这一事实中看出来：在截至1985年6月30日的财年里，宝洁的收益出现了30年来的首次下滑。

在微机时代其股票曾一度炙手可热的融合技术公司（Convergent Technologies，CVGT）也为差异化披露提供了范例。1983年，该公司公布的每股收益为0.40美元，而1982年的为0.42美元。该公司的年度报告和致股东的信给人一种乐观向上的感觉，但10-K报告给人的感觉却不同。

融合技术公司的主打产品是被称为"NGEN工作站"和"巨型框架"（Mega Frame）的多处理器微型计算机，该公司一直对这两款产品寄予厚望。管理层在致股东的信的开头中指出："1983年是融合技术公司进步和挑战并存的一年。"我一看到"挑战"这个词就心生警惕，因为管理层经常用这个词表示"麻烦"。

然而，其余部分的措辞相对乐观，尽管也偶有例外。例如，NGEN工作站的出货量低于预期，而成本则高于预期。原因是"生产启动缓慢，一些供应商供货量不足"。管理层在信中称赞了工作台（WorkSlate），它是一款功能强大的便携式微型计算机，也可以作为终端使用。"这些机器被作为'高科技圣诞袜小礼物'发送给了最初通过美国运通公司（American Express）的圣诞节目录订购商品的客户"，并得到了客户的接纳和认可。

该公司当年的一些数据不大令人满意。其收入从9640万美元增加到了1.635亿美元，净利润从1190万美元增加到了1490万美元，但由于发行在外的股票数量大幅增加，每股收益仅为0.40美元，而1982年的为0.42美元。

尽管如此，管理层还是以胜利者的口吻结束了这封信。"深思熟虑后我们得出结论：1983年是投资的一年，也是回报的一年……我们保持了坚忍不拔的经营文化和企业家精神，我们将继续设定严苛的目标。"

10-K报告则展示了一幅完全不同的图景，它是我最近看到的差异化披露最为显著的例子。我们从这份文件中了解到，巨型框架所依赖的高级微处理器仅有一家供应商，磁盘驱动器也只有一家供应商。"迄今为止，磁盘驱动器的产量有限，微处理器由制造商配给。"该报告继续称，这对公司的业务没有产生重大的不利影响，但我们在10-K报告中看到了这样的表述："随着计算机系统行业对某些组件的需求增加，公司延迟交货的可能性增加了。"此外，"一些新部件尚未被供应商批量生产。供应商无法提供足量的高品质部件，这可能对公司的生产造成非常不利的影响"。

工作台也存在类似的情形。该公司表示，1984年第一季度的产量和出货量有所增加，但"未达到预期的水平"。原因在于组件不易获得，以及"公司由于经验不足，对零售分销渠道的开发和管理不够完善"。（值得注意的是，融合技术公司于1984年停止了工作台的生产，这导致了1100万美元的税后费用。）

这相当于承认，仅一家供应商的故障就有可能导致该公司最重要的业务中止，因为没有替代的供应源。此外，该公司缺乏推出新产品的经验，因此很可能陷入困境——这样的现状很难让客户或投资者对该公司产生信心。

假设一切都如预期的那样顺利：组件能按时到达，而且质量无虞；工作台和巨型框架的市场需求大增；公司的营销不存在任何问题。结果会怎样呢？

当时，融合技术公司的流通股约有3600万股，而该公司的收入为1.636亿美元。10-K报告显示，该公司约46%的销售收入来自巴勒斯公司（Burroughs Corp.），这家公司贴牌销售融合技术公司的产品；而年度报告显示，来自巴勒斯公司的收入"超过了合并净销售额的10%"。

失去与巴勒斯公司的业务将对融合技术公司产生非常不利的影响。从年度报告的附注中可知，根据巴勒斯公司对工作站的购买情况，它可以拥有认股权证，让其有权以6.53美元的价格购买150万股融合技术公司的股票或以6.67美元的价格购买160万股融合技术公司的股票。10-K报告中有关于这一协议的详细阐释。在一定的条件下，巴勒斯公司可从融合技术公司处获得制造其产品的许可。这有可能变成事实吗？"公司认为，巴勒斯公司为了获得制造许可打算进行大量采购，而且它将制造NGEN工作站和巨型框架，这可能对公司未来的收入产生极为不利的影响……"

1984年7月，美国证券交易委员会发布了一则关于认股权证会计的公告。根据这一公告，未来普通股认股权证的估值方法与融合技术公司以前使用的方法不一样了。该公司在1984年的年度报告中指出，未来公司在签订《原始设备制造商协议》（*Original Equipent Manufacturer Agreements*）时不太可能再授予其他公司认股权证了。它还补充说，它已经授予巴勒斯公司制造其部分产品的许可了，巴勒斯公司现在已开始进行生产了。

从1984年夏它的状况来看，该公司很有可能在未来一年中陷入麻烦，如果避开了困境，它要么将被主要的客户所控制，要么将被其收入囊中。投资者能从中得到什么启示呢？他会发现，查看公司的10-K报告和年度报告以了解差异化披露的信息至关重要。融合技术公司存在重大的问题，应该避免买入其股票。

学院保险集团（Academy Insurance Group, ACIG）的情况更为复杂。它是一家于1968年成立的旨在为军人设计和提供保险的公司。它推广了广受欢迎的万能寿险（Universal Life）保单的前身，并且从零开始创建了自己的代理结构，培训前军官和士官成为保险推销员，结果引人注目。该公司在1983年的年度报告中指出，其收益增长率已连续22个季度不低于35%了。《金融世界》称它是保险行业首屈一指的成长型公司，并依据其财务状况给予了它"A"评级。

公司还把业务扩展到了其他领域，它收购了阿米斯塔德储蓄贷款公司（Amistad Savings & Loan）和位于波科诺斯的一个度假中心——它正被改造为分时享用度假房屋模式。未来，公司还将完成更多的收购。

不出所料，该公司很快就引起了行家里手的注意。经调整后，其股价从0.25美元上涨到了17美元，而且似乎有望继续上涨。

接下来问题出现了。1983年12月，《巴伦周刊》刊文揭露该公司的代理人在出售遗产保护计划险（Estate Conservation Plan Insurance）时做出了虚假陈述。该杂志还指出，由于保护计划险部门内部出现了问题，该公司将出现资产减值。在1983年的年度报告中，公司总裁阿尔文·H. 克莱门斯（Alvin H. Clemens）否认了部分指控，承认了其他部分指控属实，并试图淡化问题。

现在我们来讨论该公司的差异化披露问题。在1984年的第一个季度里，该公司的每股收益从0.24美元增加到了0.27美元，虽然每股收益有所增加，但未达到之前的水平。仔细研究10-Q报告后我发现，该公司报告的来自波科诺斯度假中心的收入为220万美元，税后收益为60万美元，或每股收益0.04美元。在1983年第一季度的报告中，这一项数据根本不存在。因此，公司的保险业务收益实际上比上一年减少了。我一下子来了兴致，马上查阅了该公司1983年的10-Q报告和年度报告。我发现，在1983年的第四个季度里，该公司40%的收益增长来自这个分时度假中心的销售额。

在后面的章节中我们将介绍如何运用适当的分析工具得出这一结论，现在我们把关注点放在学院保险集团是如何进行差异化披露的。

学院保险集团的股东会注意到，该公司在1983年的年度报告中强调了度假中心的重要性，但它在1984年第一季度的报告中没有提及该中心。我们看不懂管理层的想法，但保险业务的收益质量要比分时度假中心销售业务的收益质量高。从销售保险的业务中获得的收益具有持续性，而从房地产销售业务中获得的收益是一次性的（我们将在下一章详细讨论和分析这一问题）。大规模的分时度假中心销售业务不稳定且难以推销，业内公司从投资者那里获得的市盈率通常较低。这也许可以解释学院保险集团现在选择淡化该业务的原因，尽管它能提高收入和利润。

该公司的执行副总裁兼财务主管W. 本杰明·韦弗（W. Benjamin Weaver）对此做出了解释。他虽然承认波科诺斯的经营对集团"更重要了"，但它不是"主营业务"。他接着表示"我想我们可能应该在第一季度的报告中更多地强调一下分时度假中心的业务"，但他认为管理层最好把注意力放在为解决保险业务问题应采取的举措上。

公司都喜欢把最好的一面展现出来，这是在人们的预料之中的。该公司的差异化披露本应警示投资者远离其股票。1984年6月11日，我在《收益质量报告》中写道："这一因素可能会影响未来几年学院保险集团的市盈率。"

第一波士顿公司（First Boston）的分析师大卫·赛费尔（David Seifer）密切关注着学院保险集团的动向，对其发展持乐观态度，他强烈反对我的分析结论。这并不出人意料，他一直在定期发布买入该公司股票的提示。赛费尔认为，该公司的保险业务将大幅扩张，1985年其股票的表现将优于大盘。"当学院保险集团实现了收益和净资产收益率时，其市盈率自会改善。"

但这样的期望并没有转变为现实。1984年，学院保险集团亏损了1280万美元，每股亏损0.81美元。损失主要源于遗产保护计划险部门。当年，公司的分时度假中心的营业亏损为43.1万美元，而上一年其营业利润总计为190万美元。

问题一直持续到了下一年。1985年第一季度，其分时度假中心业务导致了290万美元的税前损失，其中包括先前销售的坏账损失和关闭一个销售网点的成本，这两项的总额为160万美元。

关于显著差异化披露的另一个范例是1984年得克萨斯商业银行（Texas Commerce Bancshares）的年度报告和股东委托书。我们先来回顾一下1985年3月该银行寄出委托书时得克萨斯州的情况。当时该州的银行业正在经历大萧条以来最严重的危机，数十家机构无法收回向能源公司、盲目开采油井者以及房地产投机商提供的贷款而陷入了困境。在该州走一走你就会发现，许多银行的停车场内摆放着成排的钻机，它们都是因无法偿还贷款而被银行没收来的资产。得克萨斯美国银行（Texas American Bancshares）的董事会副主席约瑟夫·格兰特（Joseph Grant）说："我们在得克萨斯州能源和房地产领域的业务都遭遇了困难。"但最糟糕的时期似乎已经过去了。基夫、布鲁耶特和伍兹公司（Keefe、Bruyette & Woods）的银行业务分析师詹姆斯·J.麦克德莫特（James J. McDermott）指出："得克萨斯州的银行必定会遭受国内最严格的审查。美国货币监理署的人已经在休斯敦和达拉斯搭好了帐篷。"

尽管如此，得克萨斯商业银行似乎没有什么可担心的，它是一家区域性银行巨头，是标准普尔评级最高的两家美国银行控股公司之一，另一家是摩根担保信托公司（Morgan Guaranty Trust）。

得克萨斯商业银行发展得很快，1974年，其存款额不足30亿美元，10年后其存款额增加到了130多亿美元，其中有一部分是通过合并实现的。到了1985年，它旗下拥有66家分行，不仅在美国西南部，在巴西、巴林、委内瑞拉和墨西哥等国家都设有办事处。然而，它的大部分业务仍在得克萨斯州，近60%的业务都是商业贷款和租赁。1984年，该公司的每股收益为5.64美元，而上一年的为5.50美元。在该公司1984年年度报告的"贷款和租赁融资"部分，有这样一个颇有趣的附注：

某些关联方（得克萨斯商业银行和得克萨斯商业银行休斯敦分行的董事和高管，以及他们的机构、家族和其作为主要所有者的公司）是得克萨斯商业银行及其子公司正常贷款业务的客户。此类贷款的条件（包括利率和抵押品）与和非关联方同时进行的类似贷款的条件基本相同，而且其承担的风险不会超过正常水平。

该银行的放贷总额从1983年的5.22亿美元增加至1984年的5.45亿美元。

现在还看不出其中有什么问题。事实上，董事和高管们还可能因为把业务带到得克萨斯商业银行而不是其他金融机构而受到赞扬。毕竟，他们会按现行利率支付银行利息，至少年度报告上是这么说的。

3月16日或1天后，得克萨斯商业银行的股东们收到了股东委托书。毫无疑问，他们要么把股东委托书扔掉，要么填写好随附的回复卡并寄回，这是通常的做法。但我建议股东们阅读公司发布的所有材料，虽然有些材料的内容浮夸，没什么参考价值，但一些其他的报告和委托书中包含着管理层不希望你知道，但按法律要求必须披露的信息。得克萨斯商业银行1985年发送给股东的委托书就是这样的。

通知的开头是一封邀请股东参加于4月16日召开的年度股东大会的信。接下来是简短的会议议程——几乎无关紧要——然后是12页的董事照片以及他们的职业、服务年限和年龄等信息。与得克萨斯商业银行的地位相称，其董事们都大名鼎鼎，其中包括T. 布恩·皮肯斯（T. Boone Pickens）、卡特政府的前能源部部长查尔斯·邓肯（Charles Duncan）和前众议员芭芭拉·乔丹（Barbara Jordan）。

第22页有一块内容，其标题为"与董事、董事提名人和高管的某些交易"，这是法律要求公司公布的内容，谨慎的股东可从中获知重要的信息。

得克萨斯商业银行表示，它已向约翰·邓肯（John Duncan）、R. W. 蒙克利夫（R. W. Moncrief）和帕特·R. 卢瑟福（Pat R. Rutherford）发放了用于房地产交易的贷款。董事会的其他成员也获得了一些贷款。通知重申了年度报告中的这一内容：所有贷款均按现行利率发放。但它接着说：

由于美国货币监理署代表的调查，得克萨斯州商业银行休斯敦分行被告知，其某些行为……可能违反了1978年的《金融机构监管和利率控制法》（*Financial Institutions Regulatory and Interest Rate Control Act*）。该法律要求，向银行、银行控股公司或关联实体的董事提供的任何贷款的条件，包括利率和抵押品，都要与当时提供给其他人的贷款的条件基本相同。该法律还要求，这些交易不得具有超出正常范围的还款风险或呈现出其他不利的特征。得克萨斯州商业银行休斯敦分行认为自己没有违反这些规定。

1985年3月中旬，得克萨斯商业银行宣布其第一季度的预期每股收益仅为0.92美元。一个月后，其公布的每股收益为0.90美元，而1984年同期的为1.41美元，降幅高达36%。1968年以来，该银行的季度每股收益首次出现了下降。

得克萨斯商业银行普通股的价格在1—4月间下跌了约30%，一些人可能认为，其股价已经相当便宜了。即便如此，我也不会买入这只股票。这是因为该银行公布其对关联方的贷款（1984年末总计5.45亿美元）中有7600万美元（或14%）被视为不良贷款或存在潜在问题的贷款。然而，该银行表示，其对关联方的贷款条件与对非关联方的基本相同，且不涉及超过正常水平的风险。因此，我们也必须关注该银行与非关联方的贷款质量。

有人指控该银行对两名董事给予了优惠贷款，美国货币监理署对此展开了调查。1985年8月，该银行宣布，这一调查"没有事实依据，因此被完全驳回了"。

几年前，众议院议长山姆·雷伯恩（Sam Rayburn）对一名记者说他从不撒谎，他之所以敢这么说不是因为他是一个诚实的人，而是因为他很难记录自己跟谁说了什么。我的意思并不是说公司总在骗人或说谎，而是说它们雇用了很多公关专家，这些人总是在尽力展示公司最好的一面，淡化不好的一面，就像一个下巴尖瘦的男人留胡须、臀部宽大的女人穿紧身衣一样。

问题是，这样做往往会适得其反，精明的观察者会发现尖瘦的下巴和宽大的臀部。普通人做到这一点需要训练有素的思维和敏锐的观察力，这两点都不是天生的，而是后天习得的。我们在本章中讨论了差异化披露问题，我们了解了公司是如何在年度报告中使用"胡子"和"紧身衣"掩盖问题以及它们向政府提交的材料或年度报告的其他内容是如何揭示真相的。忽视了这些信息的投资者会面临风险。

第5章

营业外收入和/或
非经常性收入

如果你相信标准普尔的《股票报告》（*Stock Reports*）和《穆迪普通股手册》（*Moody's Handbook of Common Stocks*）这两个投资参考风向标，那么1982年百事公司（Pepsico）的每股收益是2.40美元，1983年的为3.01美元，增幅为25%。但一家同样声誉良好的出版物《价值线投资调查》（*Value Line Investment Survey*）公布的百事公司1982年的每股收益并不是2.40美元，而是3.24美元，1983年的依旧为3.01美元，因此每股收益下降了7%。

数据间的差异不算小。根据计算数据之间的差异，百事公司的发展情况也有所不同：要么飞速发展，要么停滞不前。这也不是印刷问题，因为标准普尔和价值线（Value Line）在随后的报告中均使用了1982年的统计数据。

对这种差异的解释涉及营业外收入和/或非经常性收入问题，会计师们就这一主题进行争论时表现出来的激情和热情不亚于参与政治集会或者在酒吧里讨论比较球队或球员时的，尽管他们的语言在非专业人士来看晦涩难懂。这是一个技术性问题，不同的立场可能会导致人们产生在百事公司的案例里看到的那种分歧。

正如我们将看到的，虽然相关的争论可能十分复杂，但争论涉及的原理并不难理解。更重要的是，在某些情况下，这个问题对投资决策很重要。不过，在讨论抽象的概念之前，我们先来看看在不同的机构报告中百事公司每股收益存在差异的原因。

1982年，百事公司报告了一笔与海外装瓶资产减值有关的"非正常费用"，这笔资产此前因为采用了不当的会计核算方法而被高估了。这笔费用的金额为7940万美元，相当于每股0.84美元。

这样的情况不常出现，因此可被视为非经常性科目。这就是价值线在计算百事公司的收益时将这笔费用排除在外的原因，因此它得出了较高的收益数字。另外，标准普尔和穆迪（Moody's）在计算收益时选择计入这一费用，因此得出了较低的数字。

这是近年来才出现的问题。在过去，会计师们会自动将营业外活动产生的费用或收益归类至非经常性科目。因此，任何一次性交易或公司主营业务外的活动产生的利润或损失均被划归为此类。但在20世纪70年代，会计界减少了对这一惯例的沿用，由此引发了棘手的问题。为百事公司提供会计服务的公司亚瑟·杨会计公司认为，企业会定期进行资产减值，也就是说，这种做法不算特殊，因此不应该报告为非经常性科目。另一家会计公司对此有不同的看法。《福布斯》的记者约翰·海因斯（John Heins）问道："这么做合理吗？也许会计师认为合理，但我们认为不合理。"

在大多数情况下，营业利润和营业外收入之间的差异非常明显，问题出现在差别不那么明显的情况中。人们一般同意，一些费用不是经常出现的，例如外国政府没收资产，或者自然灾害（如火灾）造成了损失且受损财产没有保险时。从个人层面来看，抽奖获得的100万美元可能被视为非经常性收入。

一家公司出售一处房产后获得了100万美元的利润，这是非经常性收入吗？如果这家公司是一家生产电子零件的小制造商，在一个地方待了几十年后搬迁到了新地址，那么这笔收入就是非经常性的。但若卖出房产的是房地产公司呢？对电子公司而言不寻常的交易却是房地产公司定期进行的谋生之业。

意图是另一个使问题复杂化的因素。20世纪60年代，许多企业集团都收购了意外险公司，例如国际电话电报公司（International Telephone and Telegraph Corporation，ITT）收购了哈特福德（Hartford），里斯科数据处理设备公司收购了信实保险公司，富高财务（Avco）收购了保罗·里维尔（Paul Revere）等。收购保险公司的原因有很多，其中一个是保险业务的性质及其在法律要求下的运作模式。所有保险公司都必须提存巨额准备金，这些资金可被用于投资股票、债券、抵押贷款和其他可产生大量收入的资产。

国际电话电报公司的董事会主席哈罗德·杰宁（Harold Geneen）本人也是一名会计师，据说在收购哈特福德时他曾对一名助手说："收购哈特福德后我们就有机会获得**计划的**收益了！"哈特福德将来会有严重的问题。尽管如此，正如另一位前高管所说："管理层像拉小提琴一样利用哈特福德的资产。"

他的意思是说，每当国际电话电报公司想要报告更高的收益时，它就让哈特福德出售部分投资组合以产生利润——需要的数额是多少，它就能产生多少。

1974年末，哈特福德的股权证券投资组合的成本是8.79亿美元，然而，其市值仅为6.38亿美元。成本与市值之间的差额，即未实现的账面损失，约为2.41亿美元。然而，1974年，杰宁从哈特福德的股票投资组合中获得了约2200万美元的税后净收益。

当然，这种做法是不可持续的。随着时间的推移，大部分利润可能会实现，而投资组合的收益会逐渐减少。例如，1983年，国际电话电报公司旗下的保险和金融子公司实现了7400万美元的税前净投资收益。1983年末，保险和金融子公司在股权证券投资上的市值为5.02亿美元，未实现收益为7700万美元；1984年初，这些子公司的税前收益总计约1.18亿美元。然而，到了1984年末，这些子公司持有股票的成本约为1.85亿美元，未实现损失为100万美元！显然，公司很难再从这一投资组合中获得可观的额外利润了。因此在我看来，很明显，在未来的几年里，除非出现一次大牛市，否则国际电话电报公司的股权证券收益将下降。

然而，问题依然存在，这些收益应被视为非经常性收入吗？请记住，所有的保险公司每年都会买卖证券，这就需要考虑动机问题了。所以可把问题归结为：你觉得卖出大量持有的、在任何特定年份都能产生可观利润的证券是非经常性业务吗？

我们以一个经验丰富的投资者所熟悉的策略为例做解释。一个陷入困境的管理团队被新管理团队取代后，后者对公司进行了全面的会计核算，结果显示公司出现了巨额亏损。这样，公司可以重新开始，在接下来的几年里，公司利润将不断增长。现在，管理层对股东和分析师说："我们接手时，公司亏损了数百万美元，在我们的管理下，它成了一家利润丰厚的公司。"当然，管理层并没有明说损失是非经常性的——利润也是如此。因此，事情并不明朗，但这并不意味着投资者的眼光也应该如此。

在这一问题上的专家，巴鲁克学院的利奥波德·A.伯恩斯坦教授这样说：

我们通常以"营业"来辨别与企业的日常经营有关的项目。日常经营这一概念在使用上比人们理解的更为广泛，而且它远没有一个明确的、良好的定义。因此，在一家经营机械车间的公司里，与机械车间的工作有关的费用被视为营业费用。公司持有有价证券是一种超额现金投资，以高于成本的价格卖出这些证券获得的收益将被视为营业外收入。出售车床的利得（或损失）也是如此，即使出售旧车床是为了腾出空间安装一台能提高工厂效率的新车床。

美国最高法院（U.S. Supreme Court）前法官波特·斯图尔特（Potter Stewart）曾说过，虽然他无法给出淫秽作品的精确定义，但他一看到实物就能做出判断。营业外收入和非经常性收入也是如此。一家公司的营业利润可能是另一家公司的营业外收入，如百事公司的例子所示。

这些项目不仅很难区分，而且它们与我们将要讨论的许多项目不同，公司不会在年度报告和季度报告中把它们单独列示出来进行详尽的分析。精明的投资者必须从致股东的信、管理与讨论部分、附注以及损益表中挖掘信息。偶尔人们可以从报纸的头版或商业版面了解影响整个行业或单个公司发展的信息。税法的修改就是明显的例子，我们很快就会讨论这个问题。

记住，有必要考虑多年来营业外收入的增减幅度。通过在**增量的**基础上观察这一因素，可以更好地预测未来收益是否会受营业外收入和/或非经常性收入的积极影响，并据此做出投资决策。

最后，深入了解营业外收入和/或非经常性因素虽然有助于鉴别收益的质量，但它并不是万灵药，股价的走势可能与收益质量的变化背道而驰。它只是投资者可采用的另一种方法，能使他们在采取行动之前对股票有更全面的了解。

现在我们来看一个具体的案例。

1984年末，华尔街上有关西尔斯·罗巴克公司（Sears Roebuck）的传言四起，有人称该公司第四季度的业绩不佳，原因是其旗下的子公司迪恩威特（Dean Witter Reynolds）出现了亏损，好事达保险公司（Allstate）的业绩平平，整个公司圣诞季的销售也不太景气。在前三个季度，这家大型零售商的每股收益为2.47美元，而1983年同期的为2.15美元。1983年最后一个季度的每股收益是1.65美元，这也使该公司1983年的每股收益达到了创纪录的3.80美元。大多数分析师认为，该公司1984年第四季度的每股收益在1.20~1.30美元。少数分析师认为收益数字可能会更低，他们认为，该公司1984年的每股收益能与1983年的持平就不错了。一些机构在秋季开始抛售其股票。

想象一下，当西尔斯·罗巴克公司公布的第四季度的每股收益为1.54美元，由此创下了4.01美元的年度每股收益新高时，股东和这只股票的粉丝们该有多么高兴！

问题是1984年西尔斯·罗巴克公司当年的利润中有4.68亿美元，或每股1.31美元，在我看来是营业外收入和/或非经常性收入。

平心而论，西尔斯·罗巴克公司1983年的营业外收入和/或非经常性收入为2.08亿美元，即每股0.59美元。将这一因素考虑进去的一种方法是，将该公司1984年报告的每股收益降低1.31美元，使其变为2.70美元，将1983年报告的每股收益降低0.59美元，使其变为3.21美元。可以看出，按**营业**利润计算，该公司的每股收益下降了16%，而不是增加了5%（如表5.1所示）。

表5.1 西尔斯·罗巴克公司1983年和1984年的部分数据

年度截止日期	1984年12月31日		1983年12月31日	
	总额 （百万美元）	每股额 （美元）	总额 （百万美元）	每股额 （美元）
好事达保险公司的税收抵免	152.0	0.42	104.9	0.30
好事达保险公司的资本利得	71.4	0.20	41.8	0.12
好事达保险公司的递延税减免	60.0	0.17	—	—
通过科威国际不动产（Coldwell Banker）出售房产的收入	64.7	0.18	46.7	0.13
待处理财产收益（商品集团）	67.3	0.19	—	—
后进先出法存货税收抵免（商品集团）	52.7	0.15	15.1	0.04
总计	468.1	1.31	208.5	0.59

数据来源：西尔斯·罗巴克公司1983年和1984年的《年度报告》（*Annual Reports*）。

表5.1中的数据均源于西尔斯·罗巴克公司1984年的年度报告，但如前所述，获得这些数据需要一些挖掘和计算工作。下面介绍我们是如何得到这些数据的。

我们从年度报告中了解到，该公司旗下的好事达保险公司在1984年的所得税抵免为1.52亿美元，而该公司1983年的所得税抵免为1.049亿美元。这两年发行在外的股票数量分别为3.593亿股和3.531亿股。将所得税抵免额除以发行在外的股票数量便可得每股0.42美元和每股0.30美元。

好事达保险公司资本利得数据的推导方法与上面的相同。1984年该公司的资本收益为7140万美元，1983年的为4180万美元，将两年的收益额分别除以发行在外的股票数量后可得每股0.20美元和每股0.12美元。

接下来看好事达公司的递延税减免。《1984年税务改革法案》（*Tax Reform Act of 1984*）导致了该公司的递延税减免。由年度报告可知，减免额为6000万美元，相当于每股0.17美元。

从年度报告中我们得知，该公司1984出售房产的收入为6470万美元，相当于每股0.18美元；1983年出售房产的收入为4670万美元，相等于每股0.13美元。

待处理财产收益（商品集团）要复杂一点。年度报告中称，该公司在1984年的税前收入为16.95亿美元，纳税额为8.104亿美元，算下来相当于48%的税率。顺便提一下，该公司1983年的税前利润为14.40亿美元，纳税额为6.878亿美元，税率也是48%。

我们从这两年的报告中了解到，1984年，来自商品集团的待处理财产收益为1.294亿美元，纳税额为6210万美元。1.294亿美元减去6210万美元为6730万美元，除以发行在外的股票数量，得出每股0.19美元。顺便提一下，上一年的亏损额是900万美元。

1984年，该公司的后进先出法存货税收抵免为1.013亿美元，运用现已熟悉的计算方法，扣除纳税额后得到5270万美元，即每股0.15美元；1983年该公司的后进先出法存货税收抵免为1510万美元，即每股0.04美元。应注意的是，该公司商品集团的后进先出法存货税收抵免增加主要是因为根据美国劳工统计局（Bureau of Labor Statistics）的指数标准，通货膨胀率低于预期。我认为，这些项目都是营业外项目和/或非经常性项目。

西尔斯·罗巴克公司的首席财务官理查德·M. 琼斯（Richard M. Jones）不同意我的看法，他指出西尔斯·罗巴克公司"一直"在出售证券和房产。只有"极端分子"才会把这些交易带来的收益称为"一次性"收益，一些人同意他的观点。但随后琼斯补充说，在报告的4.01美元的每股收益中，有0.41美元可能被归类为非经常性收入。

1984年的比阿特丽斯公司（Beatrice Cos., BRY）是一家市值93亿美元的食品企业集团，其知名品牌包括纯果乐（Tropicana）、新秀丽（Samsonite）、康丽根（Culligan）和施泰菲尔（Steiffel）等，它还以27亿美元收购了埃斯马克公司（Esmark Inc.），后者当时正在整合前一年收购的企业集团诺顿·西蒙（Norton Simon）。这就是现代资本主义的运作方式，如大鱼吞小鱼、小鱼吞虾米一样司空见惯。正是因为有这么多的收购，律师、会计师和投资银行家们才开上了游艇和豪车。

收购在当时被视为明智之举，完成一系列的收购后，比阿特丽斯公司的规模与宝洁的不相上下了。被比阿特丽斯公司收入囊中的包括阿维斯（Avis）、亨特（Hunt）的番茄制品业务、威森（Wesson）的食用油业务、彼得·潘（Peter Pan）的花生酱业务和斯威夫特（Swift）的肉类业务。最重要的是，比阿特丽斯公司的CEO詹姆斯·杜特（James Dutt）希望业内领先的埃斯马克食品杂货店分销网络能把公司旗下的几个区域品牌，如拉蔡（La Choy）中餐和乡村系列（Country Line）奶酪，出售到全国各地。

然而，一些分析师不太看好该公司的收购举措，他们观察到，为了完成收购，该公司不得不大量举债，其债务总额从9.91亿美元暴增至了51亿美元，其中大部分借款的利率在12%~14%。为减轻公司的债务负担，杜特以14亿美元的价格出售了一些不符合他理想中的比阿特丽斯公司运营模式的公司，但公司的债务水平仍然偏高，要把这一指标降至可控的水平，他还有很长的路要走。

比阿特丽斯公司公布的季度和年度数据消除了一些疑虑。在截至1985年2月的财年里，该公司公布的稀释每股收益为4.77美元，而1984财年的为3.99美元，实现了近20%的增长。但一些批评人士担忧，该公司债务缠身，不可能发放1.70美元的股利了。为了让这些人闭嘴，杜特将股利上调了10美分，达到了1.80美元。

但收益增长的一个问题在于营业外项目和/或非经常性项目。例如，该公司1985年的年度报告显示，资产剥离给公司带来了可观的利润——税后利润为2.2亿美元，相当于每股2.20美元（已扣除为了业务整合和重组而支付的其他费用）。1984财年，该公司从"业务重组计划"（Business Realignment Program）的实施中获利共计9900万美元，相当于每股0.91美元。

比阿特丽斯公司过去也曾买卖过公司，但规模都没有现在这么大。你认为该公司1984年的资产剥离是营业外项目和/或非经常性项目吗？另外，业务重组并非该公司每年都会做的事情，应该把它视为营业外项目和/或非经常性项目吗？我对这两个问题的回答都是"是的"，减去这些数字后，比阿特丽斯1985财年的每股收益将降至2.57美元。

还有一个让该公司的年度报告变得复杂的项目，它对大多数美国公司都有好处，但没有人认为企业可以反复利用它增加收益。根据《1984年税务改革法案》的规定，为了鼓励出口，母公司可通过其国内国际销售公司（DISC）免除递延税。该公司年度报告中的附注表明，它由此获得了1700万美元的收入，或每股0.17美元。从2.57美元中扣除这0.17美元后，该公司的每股收益就变成2.40美元了。

最后，我从附注中了解到，在1985财年，比阿特丽斯公司通过对其部分已发行偿债基金债券进行年度重组，以换取可转换可调整优先股的方式，获得了总计1900万美元的收益。1984年，许多公司为了改善资产负债表都做出了以债权转股权或以股权转债权的行为，投资银行如所罗门兄弟（Salomon Brothers）、高盛集团（Goldman Sachs）、第一波士顿公司和其他公司每周都会搞出一些新花样，这让公司的财务主管们欣喜不已，却让我这样试图弄清楚公司**真实**收益数字的可怜虫感到困惑。尽管此类行为很常见，但它们不是公司每年都会采用的策略。正因如此，我把它们划归为营业外项目和/或非经常性项目。这样比阿特丽斯公司的每股收益减去0.19美元后变为了2.21美元。

总的来说，上述3个项目对比阿特丽斯公司1985财年每股收益的影响为2.56美元，相当于1985财年稀释每股收益的54%。

我对该公司1984财年的数据进行了同样的计算，得出了0.91美元的每股收益（减少）值。对比两年的数据我们会发现，如果没有营业外收入和/或非经常性收入，该公司1985财年的每股收益比上一年的减少了0.87美元，降幅高达28%。

比阿特丽斯公司在1986财年会报告什么样的营业外收入和/或非经常性收入数据？我无法预判，但即使杜特在1985年3月以7.5亿美元的价格将该公司的化学业务出售给了帝国化学工业有限公司（Imperial Chemical），我也很难相信该公司的收益会维持1985财年的水平。这样的收益最多只能维持一两年，因此，我认为该公司的每股收益将低于华尔街的预期。

价值线赞同我的预判，5月3日，它把比阿特丽斯公司1986财年的每股收益估值从2.90美元降为了2.60美元，7月1日又调低至2.40美元。到那时，不少金融分析师已将比阿特丽斯公司的股票从他们的"买入"名单中剔除了，标准普尔也把该公司证券的评级从 AA 降为了 A。

然而，其股价走势并没有这些事态发展所显示的那样糟糕。1985年7月，《财富》杂志刊登了一篇严厉批评该公司的文章，当时其股价为30多美元，略高于8月份合并生效前的股价。为什么会这样呢？因为当时食品公司的股票很热门。不过，我仍然不指望从比阿特丽斯公司得到好消息，我本就想避免买入其股票。顺便说一句，正如我将在第9章"债务和现金流分析"中所描述的那样，我看空比阿特丽斯公司的股票是个错误。

有时候，公司能从可用现金的投资中获得大量的利息收入，这是营业外收入和/或非经常性收入的常见例子。在截至1984年6月29日的财年里，罗尔姆公司（Rolm）就获得了大量的此类收入。

在该财年的第一季度里，这家备受推崇的加固型电脑和用户交换机制造商报告的每股收益为0.12美元，而上一年同期的为0.47美元。这样的结果并不太出人意料，该公司的股价在当年夏天达到了80美元的峰值，到季度数据公布时已经下跌了20多个点。但该公司的实际状况更糟糕，因为在营业外收入和/或非经常性收入的影响下，它公布的1984年第四季度的数据有很大的水分。

1983年2月，罗尔姆公司公开发行股票，筹集了1.72亿美元的资金，7月，它以2.29亿美元的价格向IBM出售了390万股普通股，两次共募集资金4.01亿美元。后来，该公司回购了400万股普通股，金额为1.24亿美元。在1984财年年末，该公司拥有的现金及现金等价物总额为2.37亿美元，而上一年的为2.13亿美元，但在此期间的大部分时间里，该公司用于短期投资的金额远高于此。

在1984财年，罗尔姆公司获得了3650万美元的利息收入和2630万美元的税前营业利润，而上一年的利息收入约为700万美元，税前营业利润约为5400万美元。从中可以看出，罗尔姆公司1984财年的短期投资收入高于营业利润。投资者们买入其股票可能是为了从高科技公司的成长中获利，但在1984财年，他们从投资人员身上获得的收益要比从科技人员身上获得的多（见表5.2）。

罗尔姆公司的许多关注者都没有意识到这一点。1984年5月，我对《福布斯》

的专栏作家约翰·海因斯说："显然,一些分析师把所有的收益都算上了。"罗尔姆公司没有隐瞒什么,对这种情况的关注可能是管理层在年度报告中做出详细解释的部分原因。但那些较早地关注这只股票、没有仔细阅读年度报告的人可能会对它产生错误的看法。金融分析师联盟的财务会计政策委员会(Financial Accounting Policy Committee)主席杰拉尔德·怀特(Gerald White)证实了这一点。他说:"从分析师的角度来看,项目在损益表上的具体位置并不重要。"海因斯对此回应说:"但这正是你所期待的。如果年度报告中的数字都非常清晰明了,有谁会需要分析师解读它们呢?"

表5.2 罗尔姆公司1983—1984年的息税前收益

(单位:百万美元)

	1983财年		1984财年	
	税前总收益	不包括利息的收益	税前总收益	不包括利息的收益
第一季度(9月)	14.9	14.5	5.2	(3.3)*
第二季度(12月)	15.8	15.1	22.0	10.7
第三季度(3月)	14.6	12.6	16.6	7.0
第四季度(6月)	15.7	11.7	19.0	11.9
	61.0	53.9	62.8	26.3

*括号内数字为扣除额。
数据来源:1983年和1984年的《罗尔姆公司年度报告》(Rolm Annual Report)第32页。

罗尔姆公司的做法并不鲜见。在1983年和1984年,有数十家股价飞涨的公司都涌入了资本市场,向热切的投资者提供了更多的股票,并用募集到的资金买入了高收益短期证券,由此增加的收入使它们的业绩数据更加好看了。

然而,事实证明罗尔姆公司的股东们做得很好,因为1984年11月,该公司被IBM收购了。IBM用2004年到期的可转换债券以每股70美元的价格收购了该公司。我想补充一句,这也是营业外项目和/或非经常性项目。

随后《财富》杂志报道说,被IBM收入囊中后,罗尔姆公司1985年的亏损额不低于1亿美元。

TIE通信（TIE/Communications）是这一时期股市上备受追捧的明星。顾名思义，TIE通信是在美国电话电报公司（American Telephone & Telegraph）因反垄断政策被拆分后成长、壮大和兴隆的电信公司。它的发展速度之所以比大多数公司的都快，部分原因是它成立了如德讯（Technicom）这样的新部门，该部门主要面向小企业和居民出售电话设备。此外，TIE通信持有一个庞大的短期投资组合，它可以从中获得股利、利息收入和出售证券的收益。

1976年，TIE通信报告的收入只有1300万美元；到了1983年，这一数字增加至3.24亿美元。机构大量持有其股票，其股价从1980年的1美元飙涨到了1983年夏的40多美元。TIE通信的每股收益也相当令人满意：1980年的每股收益为0.18美元，1981年的为0.43美元，1982年的为0.61美元，1983年的为1.13美元。但实际数字没有这么高，因为以上的数字包含了营业外收入和/或非经常性收入。

1983年，TIE通信通过公开募股筹集了6100万美元的资金，另外，它还通过子公司发行股票筹集了4600万美元的资金。1983年末，TIE通信的短期投资组合总额为9340万美元（1982年的为2100万美元），其中包括7070万美元的有价证券，而1982年末的有价证券仅为730万美元。值得进一步注意的是，截至1983年末，TIE通信还有820万美元的未实现有价证券收益。

如前所述，TIE通信报告的扣除特殊项目收入前的1983年每股收益为1.13美元，而1982年的为0.61美元。然而，1983年，该公司的财务性收入使其税前收益大幅提升，财务性净收入的金额为1650万美元，而1982年产生了120万美元的财务性支出，所有这些信息都在年度报告的附注中有明确的披露。从财务性支出到财务性收入的波动额约占TIE通信1983年税前收益增加额的54%。1983年TIE通信的税前收益为6100万美元，1982年的为2700万美元。（这些财务性收入来自股利、利息和扣除利息费用后出售证券的收益。）

事实上，这一切都不是秘密；相关的信息均可在该公司1983年的年度报告中获得。我们要关注的是这些项目对该公司收益质量的侵蚀。1984年4月27日，即在收到该公司1983年的年度报告后不久，我在《收益质量报告》中首次提醒读者注意这家公司。在那时，该公司的股价已降至20美元出头。其股价大跌主要是因为整个高科技板块遭受了冲击，该公司在华尔街仍然有很多的支持者。

到了1984年6月，情况似乎发生了变化，当时该公司的股价跌至了15美元左右，部分原因是该公司的收益增速似乎在下降——第一季度的增幅为每股0.34美元，而1983年同期的为每股0.25美元。实际情况更糟糕，源于第一季度的营业外项目和/或非经常性项目——360万美元的财务性收入，即TIE电信卖出持有的日通工有限公司（Nitsuko Ltd.）的股票收入以及利息和股利所得，相当于每股0.11美元，相关数据如表5.3所示。

表5.3　TIE通信1982—1984年数据对比
（单位：百万美元）

截止日期的3个月内	1984年3月31日	1983年3月31日	1982年3月31日
税前利润	18.9	12.5	4.1
财务性收入	8.2	4.2	（0.4）
不含财务性净收入的税前利润	10.7	8.3	4.5

数据来源：《收益质量报告》，1984年6月11日，第102页。

1984年第一季度，TIE通信的税前利润比1983年同期的增加了51%。但扣除财务性收入，只计算营业利润的话，增幅降为了29%。与1982—1983年84%的营业利润增幅相比，1983—1984年的增幅太低了，这正是6月份我仍然看跌该公司股票的原因，尽管一些经纪公司将其作为萧条中的特例加以推荐。

1984年，TIE通信的经营恶化，其每股收益从1983年的1.13美元跌至0.47美元。该公司公布的税前亏损额为77,000美元，而1983年的税前利润大约为6100万美元。有意思的是，在1983—1984年，TIE通信的财务性净收入从1650万美元骤降至200万美元。

TIE通信在1984年的年度报告中指出，财务性收入下降的一个关键原因是：

1983年出售有价证券获得了997.2万美元的净收入，1984年出售有价证券导致了345.5万美元的亏损，这主要是由于该公司在第三季度和第四季度对短期投资进行了意外的清算，以支付德讯国际公司（Technicom International Inc.）对银行和供应商的现金债务。

1985年上半年，TIE通信报告其经营出现了亏损，1985年夏，该公司的股价低至4.125美元。

现在我们来看一个更有趣、更引人注目的营业外收入和/或非经常性收入的例子，我们从中可以了解一家技术高超的公司是如何公然利用这种收入成功地愚弄业内一些最精明的分析师的。这家公司的崩溃让整个金融界蒙羞。我并不是说，如果这些分析师仔细阅读了该公司的报告，就可以避免这种痛苦，因为考虑到他们的职份，他们一定已经这么做了。而是说，正如我在第1章中提到的，通过这个例子你也可以思考专家意见的价值。

我要说的这家公司就是鲍德温联合公司，它是由莫利·汤普森拼凑而成的一家金融控股公司。该公司最重要的"产品"是单期保费递延年金，由其子公司国民投资者人寿公司（National Investors Life）提供，并由美国一些最负盛名的经纪公司出售，包括美林和保诚贝奇证券公司等。

1982年3月，鲍德温联合公司以12亿美元的总价收购了MGIC投资公司（MGIC Investment Corp），后者是美国最大的住房抵押贷款业务的非政府保险公司。鲍德温联合公司为完成这次收购负债约6亿美元。华尔街对这次收购的反应似乎不错，因为鲍德温联合公司的股价在1982年的前十一个月里大幅上涨，该公司报告的收益也是如此，这似乎表明汤普森本人的"魔力"正在发挥作用。在截至1982年9月30日的第三季度里，鲍德温联合公司（实得净收益前）的稀释每股收益为1.22美元，而1981年同期的为0.82美元，这表明该公司的稀释每股收益延续了上半年的增长态势。在截至9月30日的9个月里，该公司实得收益之前的稀释每股收益为3.85美元，而1981年同期的为2.19美元。

仔细研究过鲍德温联合公司1982年9个月报告的人可能会发现，所有这些数据都是账面上的。该公司报告的9个月收益为8610万美元，但其实际的营业利润（不包括税前的营业外收入和/或非经常性收入以及证券收入）仅为230万美元。

那么增加的收益来自哪里呢？正如我在1982年11月29日发布的《收益质量报告》中所说的："在截至1982年9月30日的9个月里，鲍德温联合公司的所得税抵免总额为8380万美元，这相当于每股3.70美元；而在截至1981年9月30日的9个月里，该公司的所得税抵免总额为220万美元，相当于每股0.09美元。"从中可以看出，在3.85美元的稀释每股收益中，有3.70美元来自所得税抵免。

基于同样的理由可将鲍德温联合公司第三季度的数据减去营业外收入和/或非经常性收入。该公司报告的第三季度的所得税抵免为3670万美元，税前利润为2740万美元，计算后可知，该公司出现了930万美元的亏损。我在《收益质量报告》中写道：

我们认为，鲍德温联合公司的大部分所得税抵免都具有"纸面"交易性质，并不代表公司有真正的现金流入。该公司未将计提的当期和递延联邦所得税分开列示。然而，考虑到该公司**联邦所得税抵免因素，公司实际出现了亏损**，公司应向投资者提供当期和递延所得税的分列数据。该公司还应分别向投资者提供截至1982年9月30日的第三季度的3670万美元所得税抵免涉及的、按类别和金额显示的项目清单以及截至1982年9月30日的9个月的8380万美元所得税抵免涉及的、按类别和金额显示的项目清单。

当你想提高收益时，"纸面上"的所得税抵免是很好的选择，但你不能用它支付租金或购买食物。更重要的是，鲍德温联合公司不能用它们支付收购MGIC时欠下的巨额负债的利息，也不能用它们支付公司普通股和优先股的股利。关于这一点，《财富》杂志于1983年4月18日评论道："然而，在收购MGIC之前，问题就已经存在了。自1979年以来，鲍德温联合公司的可观收益主要反映在纸面上，以所得税抵免的形式记录，这掩盖了该公司严重缺乏现金流的事实。"此外，《财富》杂志还指出，被鲍德温联合公司在账目上记为当期利润的大约70%的所得税抵免只会减少未来的利润。一位证券分析师认为，税收抵免可能给股东留下好印象，但它们不是真正的钱，你不能用它们偿还银行欠款。

鲍德温联合公司的报告让我想起了贝蒂·格拉布尔（Betty Grable）主演的一部老电影《令人震惊的朝圣者小姐》（*The Shocking Miss Pilgrim*）。在这部电影里，一位诗人和一位音乐家达成了一份协议：诗人欣赏音乐家谱写的一首曲子并以5美元的价格买下了它，音乐家也非常喜欢诗人写的一首诗而且也很快以5美元的价格买下了它。两个人都觉得自己获得了回报，都声称自己得到了收益，但事实上他们之间没有现金流动。我又想起了1980年约翰·安德森（John Anderson）的一则评论，他认为候选人罗纳德·里根（Ronald Reagan）可以在减税和增加军费开支的同时平衡政府预算。你可能还记得，安德森当时说，里根可以靠"施魔法"实现这一目标。

1982年，莫利·汤普森对鲍德温联合公司"施了一套好魔法"。他的行为在某种程度上揭示了该公司1982年9个月报告背后的一些信息。虽然对我来说还不够，但它们足以让我心生警惕。

如第1章所述，鲍德温联合公司的情况引起了詹姆斯·查诺斯的注意，他在1982年末孤独地观察着汤普森创造的漂亮的账面数据。随后，州监管官员开始质疑汤普森的所作所为，鲍德温联合公司解体，券商撤回了对他的单一保费递延年金的支持，诉讼案激增，原先高达50美元的公司股价暴跌至十几美元，然后跌至10美元以下。1982年，该公司报告的税前营业亏损额为1.239亿美元，第二年，该公司申请破产，汤普森从公司离任，公司股价最终跌至2.125美元。

计算营业外收入需要你深入研究报告内容，查看附注中的细节信息。一切都摆在那里，就在你眼皮子底下，但往往被你所忽视。正如夏洛克·福尔摩斯（Sherlock Holmes）所说，线索就藏在显而易见的地方，你必须像侦探一样去搜寻。

第6章

费用的减增

费用增减的概念非常简单易懂。假设为了获得100美元的收入，一家公司必须在工资、利息、原材料、管理、营销、纳税和其他成本项目上支出90美元，那么该公司就会报告10美元的利润。

想象一下因一次性变化导致费用减少的情形。例如：公司引入了一种能大幅削减劳动力成本的新生产方法；利率降低，公司能够以更低的利率进行再融资以偿还债务；原材料价格下降；总部重组并裁汰冗员；分销费用降低或税率降低。上述这些因素都可能转化为更高的收益，而更高的收益可能会使公司在未来继续受益，但不一定能使收益本身继续增加。

反之，税率提高、劳动力或原材料价格因短缺而上涨或者公司为推出新产品而斥巨资做广告都会使收益低于原本可能有的水平。

许多例子表明，一次性变化会导致收益的增减；还有一些例子表明，收益数字可能保持不变，但收益的质量可能通过简单、真实和直接的变更而发生改变，分析师和投资者并不完全理解这些变更。与其将它们分类，不如以具体的例子说明要点。

以IBM 1983年和1984年公布的每股收益为例。1983年该公司公布的每股收益为9.04美元，1984年的为10.77美元，增幅为19%。分析师表示，这样的增幅刚刚好。但仔细分析该公司1984年的年度报告后会发现，尽管公司的收益增加了，但它真正的增幅远未达到19%。

IBM收益的增加得益于一些项目的出现，而不是在销售方面取得了惊人的突破。但请记住，这些项目是双刃剑，它们既可能增加收益，也可能降低收益。

我们首先来看一个降低IBM收益的项目。1984年，美元对所有外币的汇率都很坚挺。由于IBM约有一半的收入来自海外，这意味着以日元、马克、英镑、法郎等货币计算的收入被兑换成了更少的美元。若1984年的汇率仍按1983年的汇率计算，IBM报告的每股收益会增加0.54美元，从而达到11.31美元。

1983年，IBM的税前收益为99.40亿美元，备付所得税为44.55亿美元，占税前收益的44.8%。1984年的税前收益为116.2亿美元，备付所得税占税前收益的43.4%，比上一年降低了1.4%。现在假设IBM 1984年按1983年的所得税率纳税，其每股收益会减少多少呢？算法非常简单：将116.23亿美元乘以0.014得到1.62722亿美元。1984年，IBM发行在外的股票数量为6.114亿股。用1.62722亿美元除以股票数量得到每股0.27美元。（计算过程如表6.1所示）最后，从10.77美元中减去0.27美元，得到10.50美元。

表6.1 IBM 1983—1984年税率的计算及其对收益的影响

1984年		1983年
50.41亿美元 / 116.23亿美元	备付所得税费用 / 税前收益	44.55亿美元 / 99.40亿美元
43.4%	公司税率	44.8%
	44.8 − 43.4 = 1.4	
116.23亿美元 ×0.014 = 1.62722亿美元	1984年的税前收益 / 税率之差 / 税率差异导致的收益差异	
6.114亿股	发行在外的股票数量	
1.62722亿美元	除以6.114亿股=每股收益0.27美元	

现在我们来看一些更微妙的项目。在实施了几年的成本削减计划后，IBM把销售费用、一般费用及管理费用（SGA）占总销售收入的比例从26.4%降到了25.2%。这一比例下降的一个关键原因是，1983年IBM没有鼓励服务年限满25年的员工自觉离职，因此，1983年的费用增加了，1984年的费用降低了。这是一次性事件，不一定会重复发生。在较低的SGA占比的影响下，IBM 1984年的每股收益增加了0.51美元，减去这一数值后，每股收益变为了10.26美元。

以下是我的计算过程。如你所见，该方法与计算税率变化而导致的收益差异的方法没什么区别。

1983年IBM的SGA为106.14亿美元，占总销售收入401.8亿美元的26.4%。1984年，由于前面提到的因素，SGA的增幅不及总销售收入的增幅——销售收入为459.37亿美元，SGA为115.87亿美元，占总销售收入的25.2%。

两年相差1.2个百分点。将1984年的总销售收入乘以1.2%可得5.51244亿美元，这是从SGA中节省下来的金额。当然，这是税前数字，为了确认应纳所得税额，必须用它乘以公司的所得税率，1984年的所得税率为43.4%。这样做是为了计算出节省下来的这笔资金的所得税额，计算后得到的结果是2.39239亿美元，用节省下来的SGA（5.51244亿美元）减去该数字得到3.12005亿美元[①]，最后用这一数字除以发行在外的股票数量（6.114亿股）得到每股0.51美元的结果。

IBM还有一个与养老金计划的变更有关的有趣小项目。随着投资资产的实际回报率上升，大多数养老金计划都调高了所持资产的预期回报率。1984年之前，IBM一直采用5.5%这一比较保守的预期回报率，到了1984年，该公司将预期回报率提高到了7.5%。

IBM每年为这一计划投入一定数额的资金，投入的资金及其预期收益被用来支付养老金。较高的预期回报率意味着1984年IBM向养老基金投入的资金较少。由于对养老基金的投入是一项费用，提高预期回报率能够降低公司的成本。IBM

---

① 另一种更为简单的计算方法是：直接计算税后的金额，即以5.51244亿美元乘以56.6%（1-43.4%）。但为了解释得更清楚明了，我还是以这种方式进行计算。

1983年的养老基金投入额为11.80亿美元，1984年的为10.96亿美元，减少了8400万美元，相当于税后每股0.08美元。

得到这一数字的计算过程如下所示（再次申明，所有信息均可从年度报告中获得）。养老金计划的投入额从1983年的11.80亿美元下降到了1984年的10.960亿美元，税前差额为8400万美元。按前面所示的43.4%的税率计算，由于税后养老金成本下降，该公司增加了4754.4万美元的收入（8400万美元乘以56.6%），用这一数字除以发行在外的股票数量即可得到每股0.08美元。从10.77美元中减去0.08美元便可得每股10.69美元。

最后一项涉及IBM固定资产折旧方法的变更。1984年，该公司对租赁的机器、厂房和其他固定资产采用了更为自由的折旧方法。它在年度报告中写道：

1984年1月1日，为了编制财务报告，公司对1983年12月31日之后资本化的租赁机器、厂房和其他固定资产采用平均年限法计提折旧，对1984年1月1日之前资本化的租赁机器继续采用年数总和法计提折旧，对1984年1月1日之前资本化的厂房和其他固定资产继续采用加速折旧法或平均年限法计提折旧。管理层认为，由于公司的经营、维护成本和技术在不断变化，这样的变更将使这些新资产的成本与收入更加匹配。我们采用的新方法是业内通行的做法。

管理层在声明的最后写道："这一变更对1984的收益没有实质性的影响。"然而，从重要性来看，若一个项目对收益只产生3%~4%的影响，会计人员通常不把它归为重要项目。但是，若某个项目对收益增幅的影响很显著，那么许多投资者会认为它是重要的。IBM 1984年的情况正是这样。当年该公司计提的折旧费用从1983年的33.62亿美元降为了29.87亿美元。除非计算出租赁机器、厂房和其他固定资产的折旧率并进行比较，否则你看不出什么端倪来。利用该公司公布的数据可计算出，其1984年的折旧率为10.15%，1983年的为11.52%。因此，IBM 1984年就租赁机器等固定资产计提的折旧率较上年减少了，对每股收益产生的影响约为每股0.37美元。如果作此调整，该公司1984年报告的每股收益将从10.77美元减少到10.40美元。

到现在你应该很熟悉计算方法了，在继续阅读之前，你可以自行计算一下。（计算过程如表6.2所示）

言归正传。大致浏览的读者看了该公司的年度报告后会发现，其每股收益从1983年的9.04美元增加到了1984年的10.77美元，增幅高达19%，而同期的收入增幅为14%。但经过上述5次调整后，该公司1984年的每股收益变成了10.08美元，增幅为11.5%，这表明IBM的**营业**利润率正在下降。这一点足以让人怀疑IBM的增速在放缓。

稍后我们还会分析IBM的例子，因为我们在其年度报告（以及1985年第一季度的10-Q报告）中还发现了一个问题。现在我们要注意的是，尽管存在上述隐患，IBM的CEO约翰·阿克斯（John Akers）仍然表现得很乐观。他承认公司在前两个季度的表现有些令人失望，但下半年会有所改观。正如我们将看到的，一些其他的项目也给他的这一乐观预测带来了质疑，但我首次心生警惕就是在对该公司1984年数据进行上述一次性调整之后。

表6.2 1983—1984年租赁机器、厂房和其他固定资产的折旧费用减少对IBM收益的贡献

（单位：亿美元）

	1984年	1983年
租赁机器及配件	63.75	92.01
厂房和其他固定资产	230.48	199.86
合计	294.23	391.87
计入成本和费用的折旧	29.87	33.62
租赁机器及配件、厂房和其他固定资产的折旧率	$\frac{29.87}{294.23}$	$\frac{33.62}{391.87}$
等于	10.15%	11.52%
差额：1.37%		

续表

	1984年	1983年
租赁机器、厂房和其他固定资产总额		294.23
		×0.0137
折旧额减少导致的收益		4.03095
		×0.434
所得税		1.74943
税后收益		4.03095
		− 1.74943
		2.28152
发行在外的股票数量		6.114亿股

2.28152亿美元÷6.114亿股=0.37美元/股

教堂炸鸡（Church's Fried Chicken），顾名思义，是一家专门经营炸鸡快餐业务的企业，在33个州开设有约1500家店面。

教堂炸鸡的前管理层不太重视广告宣传，一直在节省相关的开支。新管理层上任后决定改变策略，他们在1984年的前9个月里加大了广告投入，开启了声势浩大且昂贵的宣传活动（见表6.3）。

表6.3　教堂炸鸡1980—1984年9个月的广告费用
（单位：百万美元）

	1980年	1981年	1982年	1983年	1984年
费用	4.3	4.3	4.0	3.6	12.0

数据来源：教堂炸鸡10-Q文件。

与1983年同期的相比，1984年的广告费用增加了840万美元，由于教堂炸鸡发行在外的股票数量为1900万股，税前每股广告费用增加了0.44美元。由于教堂炸鸡的税率为43%，因此9个月里增加的费用相当于每股0.25美元。

只要看一看该公司1983年3月—1984年9月的季度收益（见表6.4），你就会发现其雄心勃勃的广告宣传活动初见成效了。

表6.4　教堂炸鸡1983—1984年季度每股收益

（单位：美元/股）

财季截止月份	3月	6月	9月	12月
1983年	0.43	0.56	0.35	0.32
1984年	0.36	0.58	0.55	

数据来源：《穆迪普通股手册》，1984年冬。

在截至1984年9月2日的36周内，教堂炸鸡的每股收益为1.49美元，而1983年同期的为1.34美元。该公司在增加广告费用后仍获得了1.49美元的每股收益，这样的成绩确实令人瞩目。此外，在截至1984年9月的财季里，该公司的每股收益为0.55美元，而1983年同期的为0.35美元，这表明该公司的收益开始回升。

很明显，教堂炸鸡增加广告投入后其销量增加，最终导致收益增加。基于此，我预计该公司1984年第四季度和1985年的收益数据将会给股东带来惊喜。

另一个因素也增强了我对该公司乐观预测的信心。与所有的快餐企业一样，原材料价格对教堂炸鸡的利润影响很大，因为快餐店的劳动力成本和管理费用要比提供全方位服务的餐馆低，而且价格往往更具有黏性。批发市场上每磅鸡肉的价格下降一美分钱就能提高教堂炸鸡的利润率和每股收益。该公司在10-Q报告中列示了芝加哥鸡肉批发均价，从中我们可以看出，鸡肉价格出现了有利于该公司的变化（见表6.5）。

表6.5　1982—1984年芝加哥鸡肉批发均价

（单位：美分/磅）

	1982年	1983年	1984年
第一个12周	43.79	42.39	57.64
第二个12周	43.81	42.10	53.04
第三个12周	44.65	49.16	50.14
最后一个12周	40.81	50.99	

数据来源：教堂炸鸡10-Q报告。

表6.5显示，在1983年6月—1984年3月期间，鸡肉批发价格呈上涨趋势。之后开始下降。我的结论是，由于鸡肉批发价格下降，教堂炸鸡出售的商品的成本百分比下降，这有助于提高该公司1984年第四季度及之后的每股收益。

事实证明，教堂炸鸡第四季度的每股收益为0.77美元，比1983年同期的增加了约46%。我在1984年11月写关于这家公司的文章时，教堂炸鸡的股价为28美元，在该公司于1985年初按1：2的比例拆股之前，其股价上涨到了近40美元。

老牌公司金宝汤（Campbell Soups）也出现了类似的情形。直到1981年末，这家管理一流的公司股价才有了些起色。那一年，该公司报告的收入为28亿美元，每股收益为4.00美元，而且还发放了每股2.05美元的股利。在16年前的1965年，金宝汤的每股收益为1.54美元，每股发放的股利为0.08美元，收入为7.13亿美元。然而，该公司1965年和1981年的股价都是35美元左右，也就是说，其股价在长达17年的时间里停滞不前。之后，股价开始稳步上涨，并于1983年夏突破了50美元。股价上涨的原因是，该公司进行了一些收购，并在国内外积极开展了新的营销活动，再加上渴求业绩突破的新管理层锐意进取，最终促使公司的收益增加。

华尔街的一致看法是，在截至1983年7月的财年内，该公司的收益会增加，有可能从1982年的每股4.64美元增至每股5.00美元，并在下一年增至5.50美元，这对一家几年前股价还一直停滞不前的公司来说已经是不错的了。

我认为，华尔街做出此番预测时没有充分考虑成本下降和其他特殊项目对该公司收益的影响。具体而言，该公司实施了积极的营销计划，这一开始会导致成本增加，但与教堂炸鸡一样，这些举措会增加该公司未来的利润。至少在前几年是这样的，我认为这次也不会有什么不同。查阅了10-Q报告中的数据后我发现，在1980年4月27日至1983年5月1日期间，1980年该公司9个月的营销和销售费用占同期净销售额的比例为8.19%，1981年的为8.82%，1982年的为9.77%，1983年的为11.23%。

在1983年的9个月里，该比例增加的主要原因是广告费用大幅增加，这段时期内的广告费用总额为1.12亿美元，而前一年同期的为6130万美元，几乎增加了一倍（在截至1982年5月2日的9个月内，金宝汤的广告费用仅增加了36%）。

金宝汤报告的1983财年的9个月每股收益是3.98美元，1982年同期的为3.70美元，增幅为7%，很平常的数字。运用前述IBM案例中的方法计算后可知，增加的营销和销售费用相当于每股0.62美元的税后净收益。换句话说，如果没有营销费用的增加，金宝汤1983财年的9个月每股收益将增加至4.60美元，比上一年同期的增加了24.3%，增幅是上述增幅（7%）的3倍多，差异巨大，这也是投资者考虑买入其股票的理由。

计算过程如下。在截至1983年5月1日的9个月里，金宝汤的营销和销售费用为2.838亿美元，净销售额为25.27亿美元，前者占后者的比例为11.23%。1982年同期该公司的营销和销售费用为2.226亿美元，净销售额为22.78亿美元，前者占后者的比例为9.77%。这意味着营销和销售费用增加了1.46%。1983年的净销售额为25.27亿美元，它的1.46%为3690万美元。金宝汤的税率为45.9%，3690万美元的45.9%为1690万美元。从3690万美元中减去1690万美元可得2000万美元。当时金宝汤发行在外的股票数量为3220万股，用2000万美元除以3220万股可得每股0.62美元。

金宝汤在提交的截至1983年5月1日的9个月10–Q报告中指出，它将继续重视营销，并将尽可能地控制价格涨幅。我对此的看法是，该公司的营销和销售费用相对于净销售额的大幅增加会非常有利于未来的业绩。我认为，该公司下一财年的9个月收益不会受到此类费用带来的同等程度的不利影响了。因此，当华尔街预测该公司1983财年的每股收益为5.00美元、1984财年的每股收益为5.50美元时，我觉得预测的收益数字偏低了。

事实证明，金宝汤1983财年和1984财年的每股收益分别为5.12美元和5.93美元，高于华尔街的预期。其股价则继续上涨，年末达到了60美元，年后又上涨了12个点。

接下来我们看看嘉康利公司（Shaklee Corp）。1983年夏，嘉康利公司以一家生产和销售健康饮食及减肥产品的大企业为客户所熟知，公司有一群兢兢业业、勤勤恳恳的代理商，其经营模式与富勒刷公司（Fuller Brushes）、雅芳（Avon Products）和玫琳凯化妆品公司（Mary Kay Cosmetics）的相同，都是挨家挨户地上门推销。当时，嘉康利公司的业绩超过了这几家公司，其销售额、收益和利润率都实现了大幅的增长。华尔街也对这家公司青睐有加；它的股票成了长期牛市的代表，其股价从1982年的7美元上涨到了1983年6月的42.25美元，创下了历史新高，此后开始回落。

支持这家公司的一些分析师认为，其股价回落的理由是增长放缓，这一点已经在截至6月份的季度里表现得相当明显了，而且他们认为，在接下来的季度里其增长还会进一步放缓。即便如此，他们还是认为，该公司公布的截至1983年9月30日的财年数据令人印象深刻，其公布的每股收益是2.71美元，而去年同期的为1.90美元，而且他们预计接下来该公司的收益也会相当不错。然而，到了11月，当截至9月份的第四季度的数据公布时，其股价已跌到了20美元出头的位置，此时，一些投资者买入了这只股票。他们的想法是，以这么低的价格入手几乎不会承担任何风险。他们看涨这只股票的理由令人信服：它是一只真正的成长型股票，其市盈率仅略高于8，而且当时分析师们普遍认为，该公司1984财年的每股收益将提高至3.20~3.50美元。这样的预测似乎很合理，毕竟在1982—1983年，该公司的每股收益增长了42%，第四季度增长了13%（见表6.6）。

表6.6　嘉康利公司1981—1983年的季度每股收益
（单位：美元）

财季截止月份	12月	3月	6月	9月
1981—1982年	0.38	0.38	0.51	0.63
1982—1983年	0.51	0.73	0.76	0.71

数据来源：《穆迪普通股手册》，1984年冬。

至少，看涨的人可能已经研究过了该公司的年度报告；显然，一些精明的看跌人士也这么做了。如果他们仔细研究一下报告内容，就会发现该公司很大一部分的收益源于一次性项目。

该公司1983年的年度报告显示，其销售商品的成本占销售收入的比例在1983

财年大幅下降，即从24.94%降为了22.31%。管理层指出，这是由"生产水平提高带来的成本效率，几种新产品的利润率提高，以及通货膨胀对原材料成本的影响降低"导致的。而所有这些都可能是一次性的利好因素。

销售成本占销售收入的比例下降本身没有问题，因为嘉康利公司的这一比例在相当长的时间内一直在下降：1980财年和1981财年的这一比例分别为28.1%和25.57%。让我觉得有问题的是，在早期阶段，该公司的收益也相应增加了，但在1983财年，尤其是第四季度，情况并非如此。

我在1983年11月25日发布的《收益质量报告》中指出："在截至1983年9月30日的第四季度里，嘉康利公司销售商品的成本占销售收入的比例从1982年第四季度的23.46%下降至20.54%。（1981年和1980年第四季度的分别为25.32%和26.78%。）如前所述，第四季度的每股收益为0.71美元。其中有多少是由于商品的成本占销售收入的比例下降造成的？运用在IBM和教堂炸鸡的例子中展示的计算方法可知，商品销售成本的降低使嘉康利公司的税后每股收益增加了0.14美元，减去这一数字后，该公司第四季度的每股收益便由0.71美元降为了0.57美元。

但还需要考虑更多的项目。嘉康利公司1982年第四季度的税率为48.5%，而1983年第四季度的税率下降至47.6%。经过计算后，我们又要从其每股收益中减去0.01美元了，因此该公司1983年第四季度的每股收益降为了0.56美元。

嘉康利公司1983财年第四季度的其他收益从1982年同期的90万美元增加至150万美元。按1270万股的股票数量计算，增加的60万美元相当于每股0.03美元的税后收益。

我没有给出这几项的具体计算过程，读者可自行计算一下，看看得到的结果是否与我的一样，顺便也体验一下计算过程中的乐趣。

因此，该公司1983年第四季度的每股收益降至0.53美元，而1982年第四季度的每股收益为0.63美元。1983年这些一次性项目产生的每股收益总计为0.55美元，占该公司年增每股收益0.81美元（2.71美元减去1.90美元）的68%。我认为，嘉康利公司在1984财年显然无法再利用这些项目提高股票收益了。

再次申明，该公司的做法无可厚非，甚至不算什么特别的事情。但是，经过计算后我突然意识到，这只股票陷入了困境，至少在短期内是如此。我得到的启示很简单：卖出它。

若该公司的支出没有减少，其1983—1984年每个财季季度的每股收益都在下降。不出所料，不到一年内，该公司的股价就降到了13美元。

近年来，得州仪器（Texas Instruments，TXN）的观察者已经习惯于看到其收益的大起大落了，其中最令人印象深刻的数据是，该公司1982年每股收益6.10美元，1983年每股亏损6.09美元，1984年每股收益13.05美元。造成如此大的起伏的原因是，该公司于1983年退出了家用电脑业务，由此产生了巨额资产减值，这是一次性项目。我们在这里主要考虑该公司费用下降对其每股收益产生的影响。

得州仪器计提的应收账款坏账准备占应收账款总额的比例在1982年为10.18%，由于退出了个人电脑业务，该公司1983年的这一比例增加到了19.33%，1984年这一比例又降到了13.05%。

现在我们看看这一比例大幅降低对每股收益产生的影响（见表6.7）。

**表6.7　得州仪器应收账款坏账准备占应收账款总额的比例
大幅降低对收益的有利影响**

	1984年12月31日	1983年12月31日
应收账款总额	9.128亿美元	8.238亿美元
应收账款坏账准备占应收账款总额的比例	13.05%	19.33%

19.33% － 13.05% 6.28%	
9.128亿美元 ×0.0628 5732万美元 ×0.35 2006万美元	税前差额 税率 纳税影响

		1984年12月31日	1983年12月31日

5732万美元	税前差额
− 2006万美元	纳税影响
3726万美元	税后影响

÷2420万股发行在外的股票

=每股1.54美元

因此，应收账款坏账准备比例降低6.3%使该公司的税后每股收益增加了1.54美元，这相当于该公司1984年每股收益的12%。采用同样的方法计算可知，应收账款坏账准备比例的下降使该公司第四季度的每股收益增加了0.64美元，占第四季度每股收益（2.64美元）的26%（值得注意的是，1983年第四季度该公司的每股收益是3.23美元）。

这一对该公司每股收益影响很大的项目以及该公司失衡的存货使我得出了这样的结论：该公司公布的截至1985年12月31日的财年里的股票收益将低于华尔街的预测。

在约翰·欧文（John Irving）所著的《盖普眼中的世界》（*The World According to Garp*）中有这样一幕场景：盖普和他的未婚妻正考虑买一栋房子，在看到被一架飞机撞坏了屋顶的房子后，盖普决定立即买下它。他给出的理由是，尽管飞机有可能撞上这栋房子，但两次撞上它的可能性微乎其微。

当然，我们只能把它当作如何解读统计数据的笑话来看。成本下降的情况并非如此，公司有可能在一段时间内出现了由多个项目导致的成本下降，投资者必须习惯于识别它们之间的差异。要完成这项任务需要运用一些技巧，因此，你可能需要重复阅读本章的内容，确保在阅读下一章的内容前掌握这些技巧。你也可以查阅一些你持有其股票的公司的季度报告和年度报告，看看其中是否包含这类费用的增减。如果有的话，你可以运用掌握的技巧评估它们对公司收益的影响，以此得到你对这些公司的新看法。

第 **7** 章

股东报告
VS. 税务报告

仔细阅读华尔街经纪商和市场服务机构发布的投资咨询报告，你会发现它们本身就是一种艺术品。这些报告大多包含对公司的描述，也许有几段有关公司所在行业以及相关的政治和社会状况的描述，然后是对当前运营状况的分析和对未来发展的展望。所有这些报告都包含收益和其他统计数据以及对未来发展方向的预测。

有经验的读者都知道，报告的内容可能偏乐观一些，其预测可能会因公司、行业、国家或世界的意外发展而改变，但收益可能是板上钉钉的。是啊，你怎么能改变已公之于众的收益数据呢？

正如我们所看到的，这些数据可能比绝大多数投资者想象的更为复杂，收益质量也可能存在很大的差异。既然你对它们产生了合理的质疑，那我们就来看看与收益表述有关的一个非常重要的方面，它几乎**从没有**在这些咨询报告中出现过，却可以大大改变你对公司前景的看法。

在过去的25年里，我查阅了数千份投资报告，发现很少有人讨论过股东报告与税务报告之间的关系。进一步分析后我发现，在金融分析师联盟的大约16,000名成员中，只有一小部分人**真正**了解大多数公司都有两套账这一事实，一套是为股东准备的，在咨询报告中均有反映，另一套是为美国联邦税务局（Internal Revenue Service）准备的。

商业媒体偶尔会提到这一点。例如，在1985年6月初讨论里根总统的税收改革方案时，《华尔街日报》的琳达·桑德勒（Linda Sandler）写道："具有讽刺意味的是，根据新的税收方案，制造业和服务业内许多公司报告的收益将可能提高。让问题变得更加复杂的是，公司有两套完全不同的账簿，一套是为股东准备的，另一套是为美国联邦税务局准备的。"

1985年夏，R. B. 哈夫联合公司（R. B. Haave Associates）的基金经理罗纳德·B. 哈夫（Ronald B. Haave）说："我试图确定公司的税务账簿是什么样的，因为它更能反映现金流的状况。总而言之，我希望每股支付的折旧不超过3倍……"听到这番话后，就连一位《巴伦周刊》的记者也吃惊地问道："公司的税务账簿？"好像他是第一次听说这个词。哈夫回答说，"我的意思是，我想知道公司是如何计提折旧的，采用的是平均年限法还是加速折旧法。我想看看递延所得税的明细，了解公司在税务账簿里核算递延所得税的方法是否比给股东的账簿里采用的方法更为保守。当经营不景气时，公司会一边向股东报告经营出现了亏损，一边以现金纳税吗？这些都是非常重要的问题，所以我重视会计核算方法和现金状况……"在这之后，采访的记者选择了转移话题。

如果你不知道哈夫在说什么，不要紧，到这一章结束时你就会明白了，而且我跟他一样，认为税务报告对评估股票的价值非常重要。

你可以看税务账簿吗？可以，但你必须是大股东，因为只有大股东才能要求公司发送其填写的美国联邦税务局1120表格（IRS Form 1120）副本，这种表格是美国公司纳税申报表（U.S. Corporation Tax Return）的官方名称，公司申报纳税时需要在该表格上填写相关的信息。那么，大股东的标准是什么？根据下面列示的美国税法第6103条的规定，你必须至少持有1%的公司流通股份。

（3）有重大利害关系的人：经书面请求，提交纳税申报表的纳税人；提交联合申报表之人的配偶；合伙企业的合伙人；S类公司的股东；持有**百分之一**发行在外的股票的股东以及董事会决议授权的人员或主要官员书面申请授权的人员；

遗产的管理人、执行人或受托人（以及具有重大利益关系、会受到纳税信息影响的继承人）；受托人的受托机构（以及具有重大利害关系的受益人）；被授权代表已解散公司行事的人员；破产公司的接管人或受托人；无法定行为能力纳税人的遗产委员会、受托人或监护人；上述各方的律师。（美国税法第6103条e款）

下面展示的是美国公司所得税申报表1120表格的附表M-1。根据该表的要求，公司需要将其向美国联邦税务局申报的收益数据与它在年度报告中披露的收益数据进行核对。持有至少1%股份的股东可以获得这一重要附表的副本。

附表M-1　账面收益与纳税申报表填报收益的对账

[如果附表L第14条（d）栏中的总资产低于25,000美元，则不填写本附表]

1. 净利润（账面） 2. 联邦所得税 3. 资本损失超过资本收益的部分 4. 本年度未记入账簿的应纳税所得额（逐条列出）＿＿＿＿美元 　＿＿＿＿美元 5. 本年度账面记录的费用未在本申报表中扣除的部分（逐条列出） a. 折旧　＿＿＿＿美元 b. 缴款结转＿＿＿＿美元 　＿＿＿＿美元 　＿＿＿＿美元 6. 第1条至第5条的总计	7. 本年度账面收益中不包括在本申报表中的部分（逐条列出） a. 免税利息＿＿＿＿美元 8. 本纳税申报表中的扣除项目未从本年度账面收益中扣除的部分（逐条列出） a. 折旧　＿＿＿＿美元 b. 缴款结转＿＿＿＿美元 　＿＿＿＿美元 　＿＿＿＿美元 9. 第7条和第8条的总计 10. 收益（第1页第28条）—第6条减去第9条

所以，如果你持有的是IBM、通用汽车公司（GM）或埃克森美孚（Exxon）这类公司的股票，那你就别妄想索取这类表格了，只有T. 布恩·皮肯斯、卡尔·伊坎（Carl Icahn）、欧文·雅各布斯（Irwin Jacobs）或其他重要的企业掠夺者才有资格索取，普通投资者没有索取的资格。

值得注意的是，许多受托人确实持有1%或更多的小公司股票，这类公司的规模与《财富》500强公司相比微不足道。1%的股份足以让基金经理获得这些公司向美国联邦税务局提交的纳税申报表。然而，我敢打赌，仅有1%的专业基金经理注意过税法第6103条的内容。他们对此缺乏兴趣的一个原因是，他们不具备对比分析公司纳税申报表和股东报告的技能。

在几乎所有的年度报告中都有题为"所得税"的部分，在有见识的、经验丰富的投资者眼里，这部分内容确实能让他们在很大程度上了解公司税务账簿和股东账簿之间的差异。大多数证券分析师都没有认真分析过与公司的纳税情况有关的附注，这是一个可悲的事实。即使公司的税务报告和股东报告之间存在着相当大的差异，也鲜有华尔街的研究报告向读者传达两种文件之间的差异信息。

平心而论，大多数公司都有一种既得利益，即以生硬的会计行话呈现其所得税数据和评论。雪上加霜的是，除了已披露的信息，美国证券交易委员会和会计专业人士并没有要求公司提供大量其他信息，但这并不是公司试图掩盖真实年度业绩的借口。我希望你在读完本章后可以对如何解读晦涩的材料形成自己的见解。

1984年，教堂炸鸡在年度报告中向股东们提供了相对明晰的所得税附注，如下表所示。

所得税

（单位：千美元）

财务报表中的收益数据和纳税申报表中的收益数据间的所有显著差异均列示了递延联邦所得税额。1984年、1983年和1982年这些差异的来源以及对缴税额产生的影响如下所示。

来源	纳税申报表中的收益数据与财务报表中的收益数据之间的差额			导致的当期缴税额与报告的缴税额之间的差额		
	1984年	1983年	1982年	1984年	1983年	1982年
折旧	（2610）	（2192）	（2289）	（1201）	（1008）	（1053）
资本租赁	（5254）	（20）	（899）	（2417）	（9）	（414）
关闭的门店	（734）	1581	—	（338）	727	—
合营企业	—	（2403）	696	—	（1105）	320
保险及附带服务	3176	（92）	256	1461	（42）	118
其他	1232	（56）	（518）	567	（26）	（238）

通过此表可以看出造成截至12月31日的1982财年、1983财年和1984财年教堂炸鸡财务报表中的收益数据和纳税申报表中的收益数据之间出现差异的原因。就折旧而言，数据显示，1984年教堂炸鸡向美国联邦税务局申报的收益比公司财务报表中的（账面）收入少了约260万美元，这导致教堂炸鸡向美国联邦税务局（税务报告中）缴纳的税款比记为税费（股东报告中）的税款少了约120万美元。

以此为例，为了确定税务报告和股东报告中折旧费用差额的影响，我们从260万美元的差额中减去按照46%的法定税率计算的这120万美元的税费。

得到的数额为140万美元，相当于每股0.03美元。这意味着，如果教堂炸鸡在股东报告中采用了与税务报告中相同的加速折旧法，那么该公司将报告1.10美元的每股收益，或者说比之前报告的每股收益1.13美元减少0.03美元。

如果这就是问题的全部，那么我会简单地陈述事实，然后就不再追究了。然而，幸运的是，我在10-K报告中找到了年度报告中提及的一些项目的更为详细的信息。但正如你目前所学到的，你必须知道去哪里寻找有用的信息，对此可参考利奥波德·A. 伯恩斯坦的《财务报表分析：理论、应用和解释》（*Financial Statement Analysis: Theory, Application, and Interpretation*）第三版［伊利诺伊州霍姆伍德（Homewood, Ill:），欧文（Irwin）出版社1983年出版］，该书第十一章对这一主题做了清晰而简洁的讨论。

查尔斯·瓦尼克（Charles Vanik）是来自俄亥俄州的一位执着的前国会议员，《国会议事录》（*Congressional Record*）里常常记录了他的《年度企业税研究》（Annual Corporate Tax Study）。他在该研究中列出了目前较少缴纳或没有缴纳联邦所得税的公司。瓦尼克没有对许多公司大幅减少和/或不缴纳联邦所得税的合法性或能力提出质疑，而是对这种情况就公共政策层面的适宜性提出了质疑。

"公司就像个人一样，会利用各项税收规定降低纳税额，"他说，"如果它们不这样做，就是愚蠢的。"

1985年8月29日，《华尔街日报》刊登了一篇名为《研究指出，1984年40家盈利的大公司没有在美国缴纳所得税》（No U.S. Income Taxes Were Paid in '84 by 40 Big,

Profitable Firms, Study Says）的文章。这篇文章引用了工会支持的组织 "公民税收正义"（Citizens for Tax Justice）的研究报告内容。这份报告分析了1981—1985年275家盈利大公司的年度报告。该组织声称，在1984年利润总额超过100亿美元的公司中，有40家没有缴纳一分钱的联邦税，有36家的抵免和扣除额足以使它们获得上一年的退税。

"这份研究指出，在1981—1983年，通用电气公司（General Electric Co.）没有缴纳任何联邦所得税；去年其利润额为30亿美元，但仅缴纳了1.86亿美元的所得税。"

通用电气公司利用了其全资子公司通用电气信贷公司（General Electric Credit Corporation）的纳税损失来实现这一目标。你很难在通用电气公司发布的报告中发现有关通用电气信贷公司的信息，在年度报告中也找不到它的详细信息。但是，通用电气信贷公司确实发布了自己的年度报告，如有需要，你可向该公司索取。

普通投资者如何了解通用电气信贷公司对通用电气公司收益的影响呢？他们要从两份极为引人注目的文件中获取信息。在1983年的年度报告中，通用电气公司把来自通用电气信贷公司的收入计在了 "其他收入" 科目之下，在它的纳税申报表中，有一笔6.92亿美元的 "预估可收回税款（信贷公司——非并表子公司）"，这一金额超过了母公司该年度6.57亿美元的应纳税款。通用电气公司对此提供了一则声明解释为什么会这样。

通用电气公司1983年的总体纳税情况（包括通用电气信贷公司）

（单位：百万美元）

通用电气公司及通用电气信贷公司的税额	截至1983年12月31日的财年
预提美国联邦所得税：	
预估应纳税额（通用电气公司及并表子公司）	657
预估可收回税款（通用电气信贷——非并表子公司）	（692）
美国联邦应纳所得税净额（可收回）	（35）
时间性差异和递延投资税收抵免的影响	741
美国联邦所得税总额	706
其他税费（社会保障税；外国、州和当地所得税；财产和特许经营权、销售和使用税）	1233
当期或未来应纳税款总额	1939

1983年，通用电气公司（包括并表和非并表的子公司）当期或未来应纳的所有税款总额约为19亿美元。通用电气信贷公司可收回的美国联邦所得税（**纳税申报表中计入，但财务报表中未计入**）主要来自其租赁业务。租赁业务量持续增加，为众多客户公司提供了诱人、成本效益高的替代方案，使它们不必再直接购买厂房和设备了。1983年产生可收回税款的租赁业务将在未来几年产生应税收益。这一未来的负债被计入时间性差异的影响项下，总额为7.41亿美元。通用电气信贷公司的净可收回税款包括：1983年的2500万美元应交税费、1983年获得的1.18亿美元的税收抵免，以及1983年获得的上一年度的退税。

这意味着在1983年，通用电气信贷公司申报的美国联邦所得税税前损失超过了10亿美元。它的税前损失是由租赁设备的大量折旧减值导致的；另外，税前损失加上投资税收抵免致使它获得了6.92亿美元的美国联邦所得税退税。在合并纳税申报的基础上，通用电气公司利用通用电气信贷公司的可收回税款抵消了自己1983年6.57亿美元的预估应纳税款。通用电气信贷公司6.92亿美元的可收回税款与通用电气公司目前的6.57亿美元应纳税额之间的差额导致了3500万美元的退税。

表7.1显示了1981—1983年通用电气公司和通用电气信贷公司的相关税费数据。其中比较有趣的一点是，在这3年中，通用电气信贷公司为通用电气公司带来的可收回所得税款超过了19亿美元，这相当于每股4.23美元。仅此一点就足以说明了解股东账簿和税务账簿之间数据差异的重要性。结论是：通用电气公司向股东大幅低报了收益。

注意表7.1中的下列几点：

第1和第2项是通用电气公司的净利润和每股收益。

第3项和第4项分别是通用电气公司按纳税申报表的数据计算的美国联邦所得税退税额和该公司在美国的营业税税率。

第5项是通用电气公司当期应纳国外税费。

第6项是按纳税申报表里的数据计算的通用电气公司美国联邦所得税和应纳

表7.1 1981—1983年通用电气公司和通用电气信贷公司的部分统计数据

	1983年	1982年	1981年
1. 净利润	20.24亿美元	18.17亿美元	16.52亿美元
2. 每股收益	4.45美元	4.00美元	3.63美元
3. 美国联邦所得税退税额	3500万美元=0.08美元/股	1.76亿美元=0.39美元/股	1.04亿美元=0.23美元/股
4. 在美国的营业税税率	0*	0*	0*
5. 当期应纳国外税费	2.63亿美元=0.58美元/股	3.01亿美元=0.66美元/股	3.17亿美元=0.70美元/股
6. 应纳国内和国外税费总额	2.28亿美元=0.50美元/股	1.25亿美元=0.27美元/股	2.13亿美元=0.47美元/股
7. 国内外总税率	7.5%	4.5%	8.1%
8. 通用电气公司来自通用电气信贷公司的收益	2.71亿美元=0.60美元/股	2.05亿美元=0.45美元/股	1.29亿美元=0.29美元/股
9. 通用电气公司来自通用电气信贷公司的美国联邦所得税退税	6.92亿美元=1.52美元/股	5.98亿美元**=1.32美元/股	6.33亿美元**=1.39美元/股
10. 通用电气公司来自通用电气信贷公司的现金股利	2.17亿美元=0.48美元/股	1.63亿美元=0.36美元/股	7700万美元***=0.17美元/股
11. 通用电气公司的退税和现金股利总额	9.09亿美元=2.00美元/股	7.61亿美元=1.68美元/股	7.10亿美元=1.56美元/股

*0公司税率分别加上1983年、1982年和1981年的3500万美元、1.76亿美元和1.04亿美元的美国联邦所得税退税。

**包括与1982年和1981年可转移税负的租赁有关的，总额分别为450万美元和1.52亿美元的投资税收抵免。

***扣除了通用电气公司向通用电气信贷公司支付的2500万美元的收入补贴。

国外税费总额。得到这个数字，是将美国联邦所得税退税额从当期应纳国外税费中扣除。

第7项是按纳税申报表的数据计算的通用电气公司国内外总税率。需要注意的是，1983年、1982年和1981年，通用电气公司向股东报告（财务报表中）的税率分别为32.1%、32.7%和36.2%。

第8项是通用电气公司向股东报告的从通用电气信贷公司获得的收益，运用权益会计法计算。

第9项是通用电气公司从通用电气信贷公司获得的大量退税。

第10项是1981—1983年通用电气公司从通用电气信贷公司获得的现金股利。

第11项是1981—1983年通用电气公司从通用电气信贷公司获得的可收回美国联邦所得税（退税）和现金股利总额。

我是多年来一直观察通用电气公司如何大量避税的几个人之一。《商业周刊》的吉恩·马西亚尔（Gene Marcial）在1982年4月26日的"华尔街内幕"（Inside Wall Street）专栏中写道：

富有启发性的附注

财务报表中的附注通常会向投资者提供有价值的信息，能帮助他们评估持有的或想要买入的股票。不过，有时候，附注写得过于模糊，以至于投资者会跳过它们。例如，通用电气公司年度报告的读者很难发现，其子公司通用电气信贷公司多年来一直在为其提供大量的"现金流"。《收益质量报告》的作者桑顿·L.奥格洛夫为信托客户分析了通用电气信贷子公司的财务报表，他说该公司是国内利润最丰厚的"专属金融公司之一，为通用电气公司提供了源源不断的联邦退税"。他还认为，若投资者和分析师了解通用电气信贷公司的所得税退税对通用电气公司的重要性，通用电气公司的市盈率可能至少会略高一些。通用电气公司当前的股价约为63美元，大概是每股收益的8倍。

奥格洛夫说，通用电气公司1981年获得的1.04亿美元的联邦所得税退税大部分就来自通用电气信贷公司。通用电气公司只是在年度报告里简单地提到，通用电气信贷公司在1981年的"预估可收回税款"为6.33亿美元。事实上，奥格洛夫声称，在其税务合并报表中，通用电气公司以信贷公司的6.33亿美元退税抵消了其1981年5.29亿美元的联邦所得税应纳税款，从而获得了退税。奥格洛夫说，从1979年到1981年，通用电气公司在美国的经营由4.35亿美元的应纳税款转变为了1.04亿美元的退税。他估计，这相当于通用电气公司的每股收益增加了2.37美元，而通用电气公司1981年公布的每股净利润为7.26美元。

这些都不是小问题。

1982年，大约有1500家公司在纽约证券交易所上市。我对其中704家公司的投资税收抵免和折旧费用会计操作进行了分析。我发现只有53家公司出于股东报告的目的摊销（递延）了投资税收抵免，其余的公司采用的是更为自由的直接冲销法①。只有119家公司（占总数的17%）向股东报告时部分或完全采用了加速折旧法。

虽然在年度报告中可以发现几处股东报告与税务报告有出入的地方，但最有可能出现差异的地方是纳税调整表和相关的附注，投资者应该在这些地方进行主要的挖掘。近年来的一个经典案例是备受推崇的办公设备制造商王安实验室（Wang Laboratories）。1975年，该公司的市值为7500万美元，到了1984年，它已经成长为了市值高达数十亿美元的大公司，从而对IBM形成了挑战。

正如王安实验室在20世纪80年代初发现的那样，与IBM这样的公司进行竞争绝非易事。该公司拥有令人瞩目的优势，但在持续成长的同时，它在这一高度动

---

① 1960年，肯尼迪就任总统以后，为刺激新工厂和设备的投资，通过了投资税收抵免法案。该法案是指企业在购买高质量的设备时，可以新设备购入成本的一定比例来抵减企业当期应缴纳的所得税。但在会计上应如何处理这一投资减税额却发生了争议。一部分人认为投资税收抵免数应当直接抵减购货当期的所得税，以增加当期收益，这就是直接冲销法（Flow-through Method）。但另一部分人则认为，投资税收抵免数实际上是新资产成本的降低数，其利益应当贯穿于资产的整个使用期。所以税收抵免的利益应当采用递延法（De-ferred Method），即在资产的整个寿命期内予以摊销。最终美国证券交易委员会宣布它将同时认可递延法和直接冲销法。

荡的行业中也面临着来自竞争者的产品和服务的压力。然而，随着收入的增加，其收益也在持续增加，从1982财年的1.071亿美元（每股收益0.88美元）增加到了1983财年的1.52亿美元（每股收益1.16美元）。

当我仔细阅读王安实验室截至1984年6月30日的财年的年度报告时，我在公司所得税的附注中发现了几个有趣的项目，如表7.2所示。

表7.2 王安实验室1982—1984年预提的所得税和递延所得税

（单位：百万美元）

	1984年	1983年	1982年
当期应纳所得税：	2.6	（6.2）	（0.9）
联邦	14.7	7.2	7.5
州	3.7	3.7	2.2
	21.0	4.7	8.8
递延所得税—主要是递延联邦所得税	30.0	33.0	20.2
	51.0	37.7	29.0
递延所得税来源：			
纳税申报表和财务报表的差异：			
特定客户租赁交易*	27.6	33.8	15.5
备件*	59.0	—	—
折旧	8.3	9.3	2.2
其他*	9.5	4.9	7.9
因确认纳税损失和纳税抵免结转而导致的递延所得税减少	（74.4）	（15.0）	（5.4）
	30.0	33.0	20.2

*为作者所加，表示强调。
数据来源：《1984年王安实验室年度报告》（ 1984 Wang Annual Report ）。

我在表7.2中用*号标记了3个项目，以斜体表示强调，它们分别是特定客户租赁交易、备件和其他。在王安实验室年度报告的"主要会计政策"部分，我发现了下面的表述：

所得税——预提所得税包括当期应纳所得税和递延所得税。递延所得税主要源于纳税申报表和财务报表中特定租赁合同、备件数据的差异以及出于报税目的采用的加速折旧法。投资税收抵免数直接抵减当期所得税，以增加收益（直接冲销法）。本公司不为外国子公司的未分配收益缴纳美国联邦所得税，因为本公司打算将这些收益进行永久再投资，用于促进美国境外业务的增长。

王安实验室纳税情况表中的数字是按照46%的公司法定税率计算的，但为了计算简单，我们假设税率为50%。我们可以得出结论，该纳税申报表中的特定客户租赁交易数据比股东报告中的该数据高出了2760万美元。就备件而言，与股东报告中的数字相比，纳税申报表中的数字高出了5900万美元。"其他"项目大概包括纳税申报表比股东报告高出的其他费用。

这三项总计约9600万美元。回顾之前的数据可知，在截至1984年6月30日的财年里，王安实验室的净利润总额为2.1亿美元。因此，当该公司的税率为50%时，我们发现，若该公司股东报告与纳税申报表中这三个项目是基于相同的基础得出的，那么该公司向股东报告的2.1亿美元净利润将减少9600万美元，变成1.14亿美元。在此基础上，该公司报告的1.52美元的每股收益将减少0.69美元。

在对王安实验室的递延所得税时间性差异进行分析后，我得出了这一结论：该公司报告的收益质量低于此前，而且公司将会遇到麻烦。事实的确如此，在截至1985年6月30日的财年里，该公司的每股收益降至0.11美元，而上一财年的为1.52美元。该公司在第四季度里出现了亏损，这主要是由于税前总额高达1.37亿美元的存货减值导致的。1984财年的数据发出了警示信号，但只有那些了解税务报告和股东报告数据差异的人才看得出来。

石油行业的情况由于其许多业务的性质（尤其是勘探业务的融资和报告方式）比较特殊。首先，我要提出一个业内人士非常熟悉但其他人比较陌生的观点。几年前，有人问时任联合太平洋公司（Union Pacific）CEO的罗兰·哈里曼（Roland Harriman），该公司拥有的大量土地值多少钱。哈里曼回答说，他不知道具体的数字是多少。提问者认为哈里曼不够坦诚，于是又问他地底下的石油和天然气储量是多少，哈里曼回答说他还不知道那里有什么，因为公司还没有勘探最有前景的地区，而且近期也不打算这么做。为什么会这样呢？正如哈里曼耐心解释的，一旦他知道了土地的真实价值，公司就得缴税了。联合太平洋公司确信那些土地藏有丰富的矿产资源，但目前还不愿意知道这些资源的具体价值。

联合太平洋公司值多少钱呢？它当时的**实际**账面价值是多少呢？这两个问题的答案是一样的："谁知道呢？"

哈里曼可能还注意到，油气业务有两种会计核算方法，一种是完全成本法，另一种是成果法，前者更为自由。根据完全成本法，在寻找油气储量的过程中发生的所有生产性成本和非生产性成本都被资本化且在生产和出售油气时被摊销到收益中。成果法指的是，把所有不会直接导致油气储量的发现的费用当作当期费用处理。这意味着采用完全成本法的公司将比采用成果法的公司报告更高的收益。当然，这会给投资者留下完全不同的印象。区别是什么呢？我们以得克萨斯州石油&天然气公司（Texas Oil & Gas）为例进行说明，它是在得克萨斯州二叠纪特拉华盆地（Permian-Delaware Basin）和俄克拉何马州阿纳达科盆地（Anadarko Basin）经营天然气采集管道业务的大公司。该公司采用的核算方法就是完全成本法，即把所有与获取和开发油气有关的成本（包括失败的）都资本化。与王安实验室一样，这家公司也创造了令人瞩目的业绩，在截至1984年8月31日的财年里，其市值为20亿美元，其公布的每股收益从1.41美元提高到了1.65美元。然而，事实**真的**是这样吗？当你知道该公司相当多的收益是靠在税法中进行深度"钻探"得来的时候，就不会这么认为了。

对该公司截至1984年8月31日的财年的年度报告进行分析后，我在1984年11月26日发布的《收益质量报告》中对其收益质量提出了质疑，对其联邦所得税附注做出了**主观的**解读和评论。该公司的联邦所得税附注为：

递延联邦所得税费用源于税务报告和财务报告中联邦所得税确认的时间性差异。差异及相应的税务影响如下表所示（单位：千美元）：

	1984年	1983年	1982年
与油气资产以及天然气采集和加工作业相关的资本化成本*	191,572	151,890	154,644
折旧和损耗	（27,926）	（15,340）	（33,840）
其他	9354	6950	9696
	173,000	143,500	130,500

*表示强调，为作者所加。

得克萨斯州石油&天然气公司在致股东的信中提到："在过去的两年里，油气过剩导致能源价格疲软。我们的产量和生产水平因此大大低于产能，我们1984财年的单位利润和价格出现了下降。"在这番冷静的言论后，这封信的措辞呈现出了乐观的语气。

这次的警示信号出现在该公司的联邦所得税附注中。根据这一附注，1983—1984年，该公司与油气采集和加工作业相关的资本化成本从1.519亿美元上升至1.916亿美元。对此我做出了如下评论：

1984年，得克萨斯州石油&天然气公司纳税申报表中的费用比财务报告中的多出了2.03亿美元，相当于每股0.96美元。1983年，这一差额为1.67亿美元，相当于每股0.79美元。

1984年，得克萨斯州石油&天然气公司账面报告的资本化成本增加额相当于每股0.17美元，而当年的每股收益增加了0.24美元；1983年该公司增加的资本化成本相当于每股0.06美元，而当年每股收益增加了0.23美元……

基于对该公司递延所得税时间性差异的分析，我们对该公司的收益质量提出了质疑。

　　1985年10月30日，得克萨斯州石油&天然气公司和美国钢铁公司（U.S. Steel）宣布了两家公司合并的协议。一切看似很顺利，但当时一些想了解这一合并的分析师开始深入研究得克萨斯州石油&天然气公司的账簿，他们发现了上述的问题。1986年1月27日，在《华尔街日报》的"股问天下"（Heard on the Street's）栏目中出现了大学教师退休股票基金（College Retirement Equities Fund）投资组合经理金·施纳贝尔（Kim Schnabel）说的一段话，他对得克萨斯州石油&天然气公司提议的会计变更感到愤怒，即采用更保守的方法资本化与房产及厂房有关的成本。施纳贝尔反对两家公司合并不只是因为天然气的价格疲软，还因为得克萨斯州石油&天然气公司的"所谓超高收益记录"有问题。他发现该公司之前递延了钻干井的成本。如果转为成果法（该法会确认这些成本），它将不得不减值6.24亿美元。《华尔街日报》指出，这样做的"最终结果是：得克萨斯州石油&天然气公司9.33亿美元的留存收益将减少3.38亿美元"。

　　这导致了两家公司的股价出现了波动，因为分析师怀疑美国钢铁公司的管理层在发出收购要约之前没有仔细审查得克萨斯州石油&天然气公司的账目。两家公司的股东最终于1986年2月12日接受了合并条款，合并得以成功。

　　两家公司合并后，为了美国钢铁公司股东的长期利益，得克萨斯州石油&天然气公司的会计核算方法从较自由的完全成本法改为保守的成果法。这是因为，随着石油和天然气价格的下跌，该公司可能会面临大量的资本化成本的减值。现在，在美国钢铁公司的庇护下，该公司可以在财务上洗大澡，将助于提高未来的收益。此外，值得注意的是，美国钢铁公司旗下的马拉松石油公司（Marathon Oil）一直采用成果法，现在得克萨斯州石油&天然气公司采用的方法与它一样了。

　　再举一个例子。DSC通信（DSC Communications）是数字电话交换系统的制造商，身处高科技领域，前景看似一片光明。近年来，DSC通信的收益增长迅速：1984年，该公司的每股收益增长至1.40美元，而1983年的为0.89美元，1982年的仅为0.23美元，这是现代大型成长型公司的典型表现。

　　但正如经常发生的那样，该公司收益的增长远比表面看上去的复杂得多。在这个例子中，股东报告和税务报告之间的数据差异越来越大。DSC通信的会计政策为：

通常情况下，当公司按照客户要求完成了交换系统的所有制造工序、工厂完成了测试、系统被客户接受且已交付至指定地点时，收入就会被确认。

传输和终端产品的收入通常在产品交付给客户时得以确认，但1984年之前的某些长期合同的收入以完工百分比法确认。

下表摘自DSC通信1984年的《年度报告》，显示的是与该公司预提递延所得税有关的数据。

涉及预提递延所得税的项目如下表所示（单位：千美元）：

	1984	1983	1982
已确认的财务报表与纳税申报表的收入差异	*31,403*	*14,051*	*2648*
纳税申报表中折旧费与财务报表中折旧费的差额	1316	1439	297
纳税申报表中员工福利费用与财务报表中员工福利费用的差额	662	1830	—
应计保修成本	（1710）	（1149）	—
存货跌价准备	（1009）	（130）	7
通过国内国际销售公司免除递延税	128	1368	—
税收抵免	—	（1929）	—
其他	1270	（580）	101
	32,060	14,900	3053

*为作者所加，表示强调。

如上文所示，在面向股东的报告中，DSC通信1984年记录的每股收益为1.40美元，1983年的为0.89美元，1982年的为0.23美元。而在这几年中，股东报告比税务报告多确认的收益额分别为3140万美元、1400万美元和260万美元，相当于每股

0.77美元、0.37美元和0.09美元（为简单起见，这些数字是根据50%的税率计算得出的）。

因此，明显可以看出，DSC通信有相当一部分的收益是由于股东报告中的收入比税务报告中的收入更快地得到确认导致的。对于快速增长的高科技公司来说，这种现象很常见，但投资这类公司会承担更多的风险，因为税务报告和股东报告确认的收入差异会日益增大。当然，DSC通信不必详细说明所有的事项，但股东和投资者应该意识到，该公司实际上有两套账簿，一套面向股东，另一套面向美国联邦税务局，而这种做法是相当合法的。

1985年10月3日，DSC通信宣布其将调整1984财年以及1985财年第一季度和第二季度报表的数据。它将先前报告的1984财年的1.40美元的每股收益下调为了1.08美元，将先前报告的1985财年9个月的每股收益0.68美元调整为了每股**亏损**0.11美元。

DSC通信告知股东，做出这样的调整的原因是：

扣除先前报告的、当前交换机扩展端口交货带来的部分收入和收益，因为一位客户拒绝承担履约责任。1985年的调整后数据扣除了已在1985年第一季度计入财务报告，但按最近的财务报告收入确认新政策不应被计入的（来自向客户出售的销售交换系统的）收入和收益。

最后，DSC通信评论说：

在1985年早些时候，长途电话交换市场就出现了明显的疲软态势，这导致公司在1985年改变了财务报告的收入确认政策。变更后的政策反映了客户安装计划经常改变或延迟的现状，根据新的政策，只有当设备已运抵客户的最终安装现场时，设备销售收入才会被计入财务报告中。

公告发布几天后，两名股东分别对该公司提起了集体诉讼，他们指控该公司1984年和1985年的财务报告"严重虚假和具有误导性"。一家报纸报道说：

这两位股东提起诉讼的诱因是公司的会计政策变更和公司与一位客户因远程交换设备合同导致的争议。该公司表示，其中的一宗诉讼还把DSC通信的3名主要高管及公司的审计机构安达信公司列为了被告。DSC通信表示将针对这些诉讼为自己辩护。记者未能联系到安达信公司的官员置评。

如果说这样的结果对股东有什么启示的话，那就是，通过仔细研究DSC通信的报告（所有人都能看到）可发现，该公司在税务报告与股东报告中对收入的确认存在很大的差异。精明的投资者不必计算出所有的数据，他们只需要知道这一点：在计算利润的两种方法中，该公司采用了看似对其更有利的方法。

HBO公司（HBO & Co.）是医院处理系统行业内一家快速发展的公司。该公司1984年的每股收益为0.86美元，1983年的为0.61美元，1982年的为0.44美元。该公司1984年的年度报告制作精美，里面附有与公司经营有关的多张彩色照片，还包含长达十页的题为"投资HBO公司"的内容，罗列了财务分析师对该公司运营状况的好评，其中包括一位分析师对该公司采用保守的会计核算方法的溢美之词。

这位分析师在想什么呢？在查看了该公司年度报告中有关税费的附注后，我认为事实并非如此，这是企业税务报告和股东报告存在显著差异的又一个例子。

我们先来看看相关的数据。

预提所得税由下列部分组成：

（单位：千美元）	1984年	1983年	1982年
当期部分			
联邦	86	1165	2596
州	152	332	501
	238	1497	3097

续表

（单位：千美元）	1984年	1983年	1982年
递延部分			
联邦	8048	4168	2550
州	980	477	143
	9028	4645	2693
预提所得税总额	9266	6142	5790

递延所得税费用是由于公司在纳税申报表和财务报表中对某些应税项目的收入的确认存在时间性差异造成的。

主要的时间性差异对所得税的影响如下表所示。

（单位：千美元）	1984年	1983年	1982年
与本期资产负债表项目有关的项目——			
EPLAs和服务协议的毛利贴现值*	1281	（125）	300
其他（净额）	341	133	（230）
	1622	8	70
与非本期资产负债表项目有关项目——			
服务协议的毛利贴现值*	5924	3979	740
加速折旧	1637	528	521
投资税收抵免（附注1）	（443）	（5）	1304
其他（净额）	288	135	58
	7406	4637	2623
预提递延所得税总额	9028	4645	2693

*表示强调，为作者所加。

请注意，在HBO公司的股东报告和纳税申报表中，EPLAs（设备购买和软件许可协议）和服务协议的毛利贴现值存在显著的差异，这些差异导致该公司1984年和1983年报告的每股收益分别增加了0.44美元和0.24美元。该公司这两年报告的每股收益分别为0.86美元和0.61美元。

在1984年的年度报告中，HBO公司描述的确认EPLAs和服务协议收入的会计政策如下所示：

设备购买和软件许可协议（"EPLA"）

公司收到了准许顾客在六年内使用软件的一次性费用；这些顾客从公司购买计算机设备。这些协议项下的收入被计入损益表中的服务和费用收入项中，1984年的此项收入约为4,824,000美元，1983年的约为10,083,000美元，1982年的约为15,565,000美元。

本公司编制财务报表时采用的重要会计政策如下所示：

收入确认

服务协议收入在协议有效期内，从系统安装日期开始按月按账单确认或在合同贴现之日全额确认，不需向金融机构追索。1984年贴现合同的收入为25,853,000美元，1983年的为12,709,000美元，1982年的为3,288,000美元。EPLAs的收入在系统安装日被确认。

1986年1月16日，HBO公司公布了1985年初步核算的业绩数据，表明当年的每股收益会在0.90~0.92美元，而上一年的为0.80美元。收益数据相当令人失望，低于华尔街的预期。HBO公司公布的前三个季度的每股收益为0.77美元，而1984年同期的为0.61美元，若最后一个季度的收益在0.13~0.15美元之间，那么与1984年同期的0.23美元相比，其收益是在衰退的。

HBO在最初的报告中称，"管理层重视经常性收入而不是一次性的销售收入，因此预计1986年净利润和每股收益的增速将低于收入的增速"。管理层还表示，"为提高公司的生产力和未来的利润，公司已实施了全面的成本削减计划并采取了其他举措"。

我意识到，了解股东报告与税务报告之间的差异并非易事，但它对于那些想要更好地评估额外投资风险的投资者来说至关重要。这些风险与我将在下一段中提出的要点有关。

在公认会计原则的保护下，公司可以出于账簿报告目的利用会计方法加快账面收入的获得和/或出于财务报告目的限制费用的扣除。它们可能先采用偏保守的会计政策，然后为了保持增长的表象改用激进的会计政策。当这样的变更发生时，投资者只能通过仔细对比税务报告与股东报告才能看出端倪，得出警示。在大多数情况下，由于缺乏有价值的信息披露，投资者只能对这些文件中列示的数字进行主观的理解。要注意财务附注的内容，因为它们可能提供有意义的线索，正确地解读它们可以使你避免许多陷阱。

最后我想说的是，美国参议院通过的税收改革法案包含了一项非常重要的规定，即公司的账面收益（股东报告）可被视为确定纳税义务的依据。在这样的情况下，根据公司最低税收提案，在确定替代性最低税时，可"优先考虑"以公司账面收益（向股东报告的利润）和其向美国联邦税务局报告的利润的差额的一半作为依据。

第8章

两个关键的数据：
应收账款和存货

1931年，美国正经历史上最为壮观的熊市，股市持续暴跌，绰号为"卖空本"（Sell'Em Ben）的伯纳德·E. 史密斯（Bernard E. Smith）成了股市中的王者，风光无限。正如其绰号所示，史密斯是位卖空者，传说在1929年的黑色星期二那一天，他从一家经纪公司跑到另一家经纪公司，对着经纪人大喊道："把它们全部卖掉！它们一文不值！"两年后，这位来自地狱厨房（Hell's Kitchen）[①]的前码头工人每月的收益超过了100万美元，让剩下的少数多头苦不堪言。

关于史密斯的故事有很多，其中的一个是这样的：他正在监测一家中等规模的工业公司的股票，据说这家公司正逆势而上，表现相当不错。因此，这家公司的股票价格几乎每天都在上涨，而其他公司的股票价格却在探底。史密斯感到很困惑，有一天他驱车前往这家工厂拜访管理层，结果吃了闭门羹。他没有马上打道回府，而是在工厂四周转了转，希望能发现一些线索。最后他发现，这家工厂的五个烟囱里只有一个在冒烟。史密斯认为，这意味着其他的几个熔炉没有运转，生意不景气。他赶紧打电话给经纪人，卖空了这只股票。几周后，这家公司因业绩不佳而股票暴跌。"卖空本"就是这么赚钱的，当月他入账100万美元，这笔收益就是其中的一部分。

---

① 地狱厨房早年是曼哈顿岛上一个著名的贫民窟，主要由爱尔兰裔移民的劳工阶层聚居，以杂乱落后的居住品质、严重的族群冲突与高犯罪率而闻名。

如今的投资界要复杂得多，但这种简单的策略仍然比商学院设计的，在巨型计算机主机上使用的繁杂方程式有效得多。

一个简单的策略是仔细分析应收账款和存货数据，在我看来，这也是华尔街证券分析师预测未来收益是否下降的最佳方法。如今，学习解读这些数据，就像当年的史密斯以不冒烟的烟囱判断股价的未来走势一样。事实上，如果"卖空本"能够查阅那家公司的账簿，他可能会发现两点：一是该公司的应收账款高于正常水平，二是该公司的存货过多。当我看到某家公司出现这样的状况时，我的脑海里就会响起一个声音，它告诉我应该看跌这家公司的股票。

1985年夏，我发表了一篇以问答的形式阐述应收账款和存货分析的重要性的文章，以下是从这篇文章中摘选的（和本章内容）比较相关的两个问答：

问：为什么应收账款分析如此重要？

答：传统的应收账款分析涉及应收账款周转天数。它显示了应收账款周转率，体现的是信用条件的授予和/或获得客户付款的难度。

然而，更重要的是，分析销售和应收账款可能会让你得到一些线索，了解一家公司是否仅靠"硬销售"或成本高昂的激励措施把存货从公司转移给了客户。此时这类销售就是在"从未来借款"。当这种情形发生时，我们需要注意的是，大多数公司在向客户发运货物时就会记录下销售收入。

此外，应收账款高于正常水平也会增加公司的成本。

问：为什么存货分析如此重要？

答：显然，与销售有关的存货增加趋势可能会导致存货降价、报废等。此外，需要注意的是，一次又一次的存货过剩是预示未来生产将放缓的好指标。此时，分析存货的组成部分非常重要。如果存货中成品的增长速度远远快于原材料和/或半成品的，这表明公司很可能堆积了大量的成品，未来将不得不降低生产速度。与应收账款类似，保有不断膨胀的存货需要高昂的成本。

这就是我在下面的几页内容中将要阐述的基本思想。

我们从基本的概念开始谈起。应收账款是因发运货物和/或提供服务而向客户收取的款项。应收账款本身不是问题，几乎每项业务都会产生应收账款。当客户购买了商品并约定在月底用支票支付货款时，公司对客户的应收账款就产生了。当一家服装零售商提取了一卡车的西装并约定30天后付款时，就为出售西装的公司带来了一笔应收账款。

当应收账款的数额比前几年同一报告期的大幅增加时，困难就出现了。造成应收账款大幅增加的因素有很多，比如当国家、行业或地区经济面临困境时，支付时间通常会延长。催收不力可能是另一个因素。也有可能是零售商已经到了山穷水尽的地步了，急切地想把商品销售出去，因此为客户提供了宽松的信用条件。汽车行业在萧条时期就经常出现这类现象。零售业的季末销售和过时商品的倾销也是如此。一个戏剧性的例子发生在美国无线电公司（RCA）退出计算机业务之前：为了在消息公布前将大型主机从存货中去除，该公司推出了"租一赠一"的租赁促销活动。不管出于什么原因，应收账款大幅增加都是危险的信号。

分析销售额、应收账款和存货之间的关系，你会明白公司是否通过"硬推销"活动或成本高昂的激励措施把存货从仓库转移到了客户那里。这类销售可能是在"从未来借款"或在纠正过去犯下的错误。在这样的情况下，重要的是要记住，公司向客户发货时就会记录下收入，而且公司还会因持有应收账款而增加成本。

接下来谈谈存货。它们包括储存的原材料、半成品和成品。制造业企业的存货与销售额之比可能非常高，而服务业企业的一般比较低。事实上，制造业企业和服务业企业的一大关键区别就是：前者能储存存货产品，后者不能储存服务。

例如，股市咨询服务企业有纸张、复印件、邮票等存货，它们占总收入的比例可能很小，了解此类企业的存货数据意义不大。但家具厂的存货额可能大于年销售额。正如我所说，具体的存货数据本身说明不了什么，重要的是要把它与往年同一报告期的存货数据进行比较。

原材料存货比上一报告期的增加可能意味着，公司预期原材料价格将上涨，为了节省成本，公司决定增加原材料存货。但在大多数时候这种情况都不会发生，因为公司需要为存货付出资金，因此想尽快地把它们清出仓库。事实上，日本的汽车制造商比底特律的汽车制造商效率更高的原因之一就是存货管理，丰田（Toyota）的存货管理要比通用汽车公司的好得多。因此，原材料存货的增加通常意味着业务量加速增长，未来的收入和利润数据能反映出这一点。

更有意思的是半成品和成品存货的大幅变化。如果由于经济形势恶化，或者消费者想要的是斯堪的纳维亚现代（Scandinavian Contemporary）风格的家具而制造商决定生产的是殖民地时期式样（Colonial）的家具，而导致生意不景气，公司的半成品和成品存货可能会大幅增加。另一方面，如果制造商对市场的判断精准无误，零售商求购沙发和橱柜的订单就会纷至沓来，制造商的成品存货就会减少。

有大量的例子表明，存货和/或应收账款的大幅增加可以预测收益的下降和出人意料的情况。这在产品更新换代和口味变化迅速的行业里尤其如此，例如生产时尚性、季节性商品的公司，特别是高科技公司。大量持有这些公司股票的投资者承受不起忽视它们应收账款和存货数据的代价。

说得更明白一点，若投资者能一直监测各个季度的应收账款和存货数据，他们本可以预测到在1984—1985年的高科技股大崩盘期间，大约有五分之四的股票价格会暴跌。快速增长的行业总是会遭受这样的冲击，正如科学作家凯瑟琳·西尔维斯特（Kathleen Sylvester）所说的："没有什么比成功更易消逝。"

1985年夏，硅谷里的企业摇摇欲坠。正如硅谷营销专家里吉斯·麦肯纳（Regis McKenna）所言："150家生产个人电脑克隆产品的公司为了抢占市场份额而不是扩大市场展开了激烈的竞争。"一些大公司正在裁员。毫不奇怪，我的大多数例子都出自这类公司。

让我们用一个典型的例子开始——应收账款和存货的增加，以及由此给公司带来的影响。我将详细介绍这一案例，因为一旦你理解了基本的方法，就可以在实践中运用它们了。

股市里谁不知道准将国际的传奇故事呢？企业家杰克·特拉米尔（Jack Tramiel）白手起家，把这家生产和销售微型计算机的企业发展成了一家市值高达数十亿美元的公司，成了快速增长的微型计算机行业的佼佼者。特拉米尔曾吹嘘说，他的公司能够生产大部分计算机部件，不像许多竞争对手那样要从供应商手里购买，因此该公司的电脑售价甚至比IBM的更低，业绩也更好。当然，特拉米尔和他的一些零售商关系不太好，这是出了名的，当他觉得有必要时，就会采取激进的强硬手段。不过他的策略确实奏效。

在截至1984年6月30日的财年里，准将国际报告的营业收入接近13亿美元，税后收益为1.438亿美元，每股收益为4.66美元。相比之下，该公司1983财年的营业收入为6.81亿美元，每股收益为2.86美元。但公司也面临着麻烦。经过几番争吵后，特拉米尔离开了准将国际，并打算不久后收购雅达利，他发誓雅达利将把准将国际赶出行业内的领导位置。

这成为准将国际股价下跌的部分原因，其普通股的价格从1983年的60.625元的峰值下跌到了1984年末的20多美元。然而，其股票的前景似乎还不错。该公司近期收购了规模较小的阿米加公司（Amiga Corp），后者拥有先进的设计机器，其功能可与苹果电脑公司的麦金塔电脑媲美，甚至功能更多，但价格更低。

请记住，这是一个以创新、产品迅速变化和价格侵蚀为标志的行业，30岁的人就被视为老手了，6个月以上的机器就可能过时了。因此，以该公司为例解释应收账款和存货问题是明智的选择。

表8.1显示了准将国际在截至1982年9月30日—1984年9月30日的第一个财季的净销售额、应收账款和存货数据。这类图表将在本章多次出现，读者们要学会如何解读它们。请注意，在截至1984年9月30日的1985财年第一个季度里，准将国际的每股收益为0.90美元，而1984财年同期的为0.79美元。

表8.1 准将国际的销售额、应收账款和存货（1982—1984年）

（单位：百万美元）

	1984年 9月30日		1983年 9月30日		1982年 9月30日
净销售额（3个月）	244.2		209.3		103.3
		16.7%		102.6%	
应收账款净额	254.7		189.9		180.0
		34.1%		5.5%	
存货	437.4		398.7		326.8
		9.7%		22.0%	

方框内的数字为同比增长率。

　　表8.1显示，从截至1982年9月30日的第一个财季到截至1983年9月30日的第一个财季，该公司的销售额增加了102.6%，而应收账款仅增加了5.5%，这是市场需求激增的迹象。但看看接下来发生了什么。从截至1983年9月30日的第一个财季到截至1984年9月30日的第一个财季，其销售额仅增加了16.7%，而应收账款增加了34.1%。事实上，在截至1984年9月30日的第一个财季里，准将国际的应收账款增幅是其销售额增幅的两倍，这表明，零售商正在以比平常更慢的速度出售该公司的产品，该公司正在清理其旧产品，似乎是试图在新产品推出之前将它们低价售出。请注意，虽然其存货增速放缓，但仍值得我们仔细探究。

　　表8.2显示了所谓的"存货构成负散度"现象，即原材料和半成品存货下降了，但成品存货大幅增加了。

表8.2 准将国际1983年和1984年的存货构成

（单位：百万美元）

	9月30日	
存货：	1984年	1983年
原材料和半成品	243.2	270.3
成品	194.2	128.4

不需要费脑筋就能明白准将国际发生了什么。原材料（在本例中是电子元件）正在被组装成微型计算机和相关设备，尽管促销活动开展得如火如荼，但成品存货仍在积压。考虑到这两组数据之间的关系，不难看出在截至1984年9月30日的财季里，成品存货的数据过高了。

还有一个迹象也表明了这样的事实。该公司在1983财年发布的第一份季度报告里写道：

正如1983年9月30日的资产负债表所示，成品存货水平与1983年6月30日的基本相同，而原材料和半成品存货在第一个财季里大幅增加，这是因为我们预计在截至1983年12月31日的这一财季里，产品的销售将实现强劲的增长。

准将国际在1984年第一财季的股东报告中没有提供类似的存货数据作为参考，因此，我在1984年12月告诉读者，在截至1985年6月30日的财年里，准将国际公布的股票收益将大大低于华尔街当前的预期。

3个月后，即1985年3月20日，我发布了一份关于准将国际的后续追踪报告。当时该公司截至1984年12月31日的6个月数据已经公布，每股收益为1.00美元，而上一财年同期的为2.41美元，这样的结果验证了我的预测。在那时，该公司的股价已跌到了个位数，形势非常严峻。

表8.3表明了这一时期该公司的存货状况。

表8.3 准将国际的销售额和存货（1982—1984年）

（单位：百万美元）

	1984年 12月31日		1983年 12月31日		1982年 12月31日
净销售额（6个月）	582.9		640.7		279.6
		（9.0%）		129.1%	
存货	449.3*		287.7		124.9
		56.2%		130.3%	

续表

	1984年12月31日		1983年12月31日		1982年12月31日
存货构成：					
原材料和半成品	204.7		153.2		68.5
		33.6%		123.6%	
成品	244.6		134.5		56.4
		81.8%		138.4%	
存货总额	449.3	56.2%	287.7	130.3%	124.9

*在截至1984年12月31日的第二个财季后，存货减值总额为3000万美元。

从表8.3中可以看出存货大幅增加，这可能是市场无法或者不愿意吸收更旧型的微型计算机导致的。在截至1984年12月31日的6个月内，该公司的销售额下降了9%，而存货增加了56.2%。与此形成对比的是，在1982年至1983年的报告期里，该公司的销售额增加了129.1%，存货也相应增加了130.3%。

还需要注意的是，该公司的成品存货增加了82%，而原材料和半成品存货仅增加了34%，这表明其成品仍在积压中。在截至1984年12月31日的第二个财季里，该公司进行了存货减值，我怀疑它还会有更多的此类操作。

果不其然，该公司后来多次进行了存货减值。1985年9月25日，《华尔街日报》描述了该公司的惨状：

准将国际公布的第四财季亏损额为1.24亿美元，远高于上个月的预期。该公司还表示，审计师将对其年度报告进行审核。

亏损反映了该公司存货状况的恶化。去年4月，管理层否认了该公司有任何存货减值计划。8月份管理层预计，公司第四财季的亏损额将为8000万美元，存货减值额为5000万美元。昨天，管理层宣布公司出现了1.24亿美元的亏损，同时指出，存货减值额比预期的要高，总计为6300万美元。管理层还提到了因促销让价导致的1400万美元的一次性费用以及56%的销售额下降。

有人提到，准将国际收购阿米加公司是为了得到一款与苹果的麦金塔电脑相抗衡的产品。与此同时，苹果电脑公司正靠着麦金塔电脑大力进军办公用品市场，麦金塔电脑被认为是一款成功的产品。该公司的IIc型电脑（Apple IIc）也是如此，业内专家认为该电脑比人们经常拿来与之作比较的IBM初级个人电脑（IBM PC jr.）更优越、更灵活。但苹果电脑公司仍然存在管理问题，正如我们在前文所看到的，该公司即将度过一段艰难的时期。

部分原因是苹果电脑公司IIe型电脑（Apple IIe）的销售放缓。最早的IIe型电脑出现在1977年，到20世纪80年代中期这款产品已经上市很久（过时）了。1985年春，苹果电脑公司显然陷入了困境，3月份公布的季度收益证明了这一点，这一季度的每股收益为0.16美元，而1984年同期的为0.15美元。这两年上一财季的每股收益分别为0.75美元和0.10美元，从中可以看出，苹果电脑公司的发展明显在放缓。管理层于5月份宣布，预计苹果电脑公司截至1985年6月30日的季度收入和收益将低于1984年同期的水平，我的猜测得到了证实。

因此，华尔街的一致意见是，在截至1985年9月30日的1985财年里，苹果电脑公司的每股收益将为1.10美元。也就是说，分析师们认为苹果电脑公司下半财年的每股收益将为0.20美元左右——与上半财年相比出现了大幅度的下滑。

但考虑到截至3月底这一财季较高的存货量，即便是这一预测数字也显得相当高了。看看表8.4的数据，你就会明白我的意思。

表8.4显示，在截至1985年3月29日的6个月里，苹果电脑公司的销售额增加了83.9%，而存货增加了113.9%，与前一年6个月里39.3%的销售额增幅和39%的存货增幅形成了鲜明的对比。

根据从准将国际的案例中得到的启示，你可以想象到苹果电脑公司在1985年发生了什么。它把大量商品投放到了市场，但速度还不够快，无法阻止它的存货大幅增加。让人特别感兴趣的是，尽管苹果电脑公司的原材料和半成品存货增加了89%，但成品存货却飙升了294%。

对该公司成品存货的激增有这样两种解释：一是麦金塔电脑和IIc型电脑都不

太畅销，二是IIe型电脑的马拉松长跑即将结束。不管怎样，这都表明该公司陷入了困境。如果是后者的话，我预计未来该公司会出现大规模的资产减值，同时为了卖出库房里积压的IIe型电脑，该公司会大幅降价。

表8.4 苹果电脑公司的销售额和存货（1982—1985年）

（单位：百万美元）

	1985年 3月29日		1984年 3月30日		1983年 4月1日		1982年 3月26日
净销售额（6个月）	1133.6		616.3		442.2		264.5
		83.9%		39.3%		67.1%	
存货：							
原材料和采购的部件	85.9		45.4		36.6		42.9
半成品	26.3		38.7		24.0		20.1
成品	148.4		37.7		27.0		34.8
存货总额	260.6		121.8		87.6		97.8
		113.9%		39%		（10.4%）	

　　所有这些预测可能很快就会转变为现实。我在5月28日写道："苹果电脑公司可能在截至6月30日的第三财季，或截至9月30日的第四财季里出现亏损，或者在两个财季里都出现亏损。"

　　我认为，尽管苹果电脑公司的股价已经大幅下跌（当时的交易价格约为20美元），但显然投资者还是应该避免买入其股票。在截至1985年6月30日的第三财季里，苹果电脑公司出现了净亏损，这也是该公司历史上首次出现季度亏损。苹果电脑公司从正常的经营活动中获得了350万美元的税前利润，然而，由于重大重组和业务合并导致的4030万美元的费用，该公司税后的净亏损额总计为1720万美元，或每股0.28美元。苹果的股价跌至14美元的低点，此后开始反弹。

　　事实证明，苹果电脑公司的重组很成功。在截至1985年12月27日的第一个财季里，苹果电脑公司公布了有史以来最高的季度收益，总额为5690万美元，每股

"人生必读100本书"之一

《高效能人士的七个习惯》

The 7 Habits of Highly Effective People

"思维方式与原则阅读体验"

聚焦于"七个习惯"思维基础的理解

7个阅读小节，7个生活问题

让智慧助力自我发展

扫码

开启"阅读体验"

扫码关注公众号

"高效能人士的七个习惯"

收益为0.91美元，而在截至1984年12月28日的第一个财季里，该公司的每股收益为0.75美元。值得注意的是，CEO约翰·斯卡利表示，苹果电脑公司业绩改善的关键原因之一是"存货周转率提高了"。从截至1984年12月28日的第一个财季到截至1985年12月27日的第一个财季，苹果电脑公司的存货从2.61亿美元减少至约1.09亿美元，降幅为58%。1986年初，苹果电脑公司普通股的价格已回升至25美元左右。

瓦里安联合公司（Varian Associates，VAR）是一家知名的功率管和固态器件制造商。在截至1984年9月27日的财年里，该公司公布的收入额为9.28亿美元，每股收益达到了创纪录的3.16美元。在截至1984年12月28日的第一个财季里，该公司的每股收益为0.57美元，而上一财年同期的为0.53美元。考虑到当时行业前景黯淡，一些人认为该公司的业绩不算差。当时即使是收益的小幅上涨也能给人带来希望，而且该公司普通股的价格比较坚挺，因此一些人认为该公司第二财季的业绩会更好。

如果当时这些乐观主义者能仔细地审视表8.5中所示的应收账款和存货数据，他们可能就会产生不同的看法。

表8.5表明，在截至1984年12月的财季里，瓦里安联合公司的销售额增加了16.5%，而应收账款的增幅是销售额增幅的2倍，存货的增幅更大，为43%。相比之下，在截至1983年12月30日的第一个财季里，该公司的销售额增加了18.2%，而应收账款和存货分别只增加了11.9%和9.1%。对比两个财年的季度数据后可知，截至1984年12月28日，瓦里安联合公司的应收账款和存货水平过高了，我预计其不利影响将在未来几个季度内显现。

表8.5 瓦里安联合公司1981—1984年个别季度的销售额、应收账款和存货

（单位：百万美元）

季度截止日	1984年12月28日		1983年12月30日		1982年12月31日		1982年1月1日		1981年1月2日
销售额	229.2		196.7		166.4		161.5		144.0
		16.5%		18.2%		3.1%		12.2%	
应收账款	194.7		146.9		131.2		137.4		142.2
		32.5%		11.9%		（4.5%）		（3.4%）	
存货	217.7		152.2		139.5		156.0		218.1
		43.0%		9.1%		（10.6%）		（28.5%）	

我在3月底提出警告时，瓦里安联合公司的股价约为32美元，此后其股价下跌到了25美元左右。在截至3月的财季里，该公司公布的每股收益为0.56美元，上一年同期的为0.71美元；在截至6月的财季里，该公司公布的每股收益仅为0.11美元，上一年同期的为0.82美元；在截至9月的财季里，该公司公布的每股收益为0.51美元，上一年同期的为1.04美元。在截至1985年9月27日的财年里，该公司因持续经营获得的每股收益为1.81美元，而上一财年的为3.16美元。

现在，读者们可能会同意我的这一观点了：对应收账款和存货的分析可以成为预测意外的收益下降的绝佳晴雨表，在华尔街的分析师得出结论之前，我们可以通过对应收账款和存货的分析结果预测收益。原因很简单：许多分析师要么没有利用这一极好的工具，要么即使利用了它，也不认为它有良好的预测力。

因为我认为本章是书中最重要的一章，所以我要再举几个例子佐证本章的观点。

以1984年春的TIE通信为例。该公司的股价从上一年的40多美元暴跌至当时的10多美元后趋于平稳。随着华尔街再次看涨其股票，最糟糕的时期似乎已经过去了。我在1984年4月27日发布的《收益质量报告》中指出，该公司1983年存货的增幅远远大于其销售额的：存货的增幅为157%，销售额的增幅为88.9%。这是一个危险的信号，它警示投资者应该避免买入这只股票。如表8.6所示，这种危险的情况一直持续到了1984年。

表8.6　TIE通信1981—1984年的销售额和存货

（单位：千美元）

年度截止日	1984年12月31日		1983年12月31日		1982年12月31日		1981年12月31日
净销售额	501,066		324,078		171,523		130,898
		54.6%		88.9%		31.0%	
存货	240,000		125,090		48,634		42,940
		91.9%		157.2%		13.3%	

如表8.6所示，1984年TIE通信的销售额增加了54.6%，存货增加了91.9%。我在那年的3月写道："我们认为，存货失衡将继续损害TIE通信1985年的盈利能力。"

现在来看看DSC通信的情况，它比TIE通信的规模小，知名度低，但它生产和销售的一系列数字电话交换机广受用户好评。1984年，DSC通信的股价从17美元的低点上涨至34美元的高点，当年的收盘价为22.5美元。1984年，该公司的每股收益从1983年的1.02美元增加到了1.40美元。在截至1985年3月31日的财季里，该公司的每股收益为0.42美元，而上年同期的为0.30美元。DSC通信的管理层承认：

在独立的长途交换机/系统市场上获得较大的份额时，公司也向客户提供了与竞争对手一样的延期付款条件。付款期限的延长导致了公司应收账款增加，而其他业务的付款期限要短得多。管理层认为，到1986年初，存货总额和应收账款相对于收入的水平将有所改善。

当时该公司的应收账款总额为1.877亿美元，而1984年3月底的为8700万美元。根据这些报告，我编制了表8.7。到现在为止，你自己也应该能够完成这一表格了。你在里面分别输入销售收入和存货数据并计算出增幅即可。

表8.7　DSC通信1983—1985年的收入和存货

（单位：千美元）

	1985年 3月31日		1984年 3月31日		1983年 3月31日
收入（3个月）	100,514		44,124		22,010
		127.7%		100.4%	
存货	126,620		36,967		21,897
		242.5%		68.8%	

1985年6月，我对上述数据做出了如下的解释：

上表显示，在截至1985年3月31日的3个月里，DSC通信的收入增加了约128%，而存货增加了约243%。相比之下，在截至1984年3月31日的3个月里，该公司的销售收入增加了约100%，存货增加了约69%。我们认为，该公司的存货相对于其销售收入过高了，这可能会影响该公司在1985年其他季度的收益。

DSC通信当年的经营出现了亏损，到了12月底，其股价跌到了个位数。

再举一个大家更熟悉的例子。得州仪器在截至1984年12月31日的一年里实现的每股收益为13.05美元，而在1983年度每股亏损了6.09美元。在一般旁观者看来，该公司似乎已经度过了一个重要的转折点，但有一些人可能已经注意到，该公司在1983年出现了巨额减值，从而导致其在第二年出现了比较漂亮的收益数据。尽管如此，根据这些数据，似乎仍然能表明该公司有望在未来盈利。

对该公司存货数据的分析会使我们得出不同的结论。表8.8显示了该公司1980—1984年的销售额和存货数据（我们已熟悉此项练习），它源于我在1985年2月20日发布的《收益质量报告》。

表8.8 得州仪器1980—1984年的销售额和存货

（单位：百万美元）

年度截止日	1984年12月31日		1983年12月31日		1982年12月31日		1981年12月31日		1980年12月31日
账单净销售额	5741.6		4579.8		4326.6		4206.0		4074.7
		25.37%		5.85%		2.87%		3.22%	
存货（扣除进度结算账单）	489.2		335.6		360.0		372.0		442.7
		45.77%		（6.78%）		（3.23%）		（15.97%）	

请注意，从1980年到1981年，得州仪器的存货急剧下降，并且在1982年和1983年继续下降，这是该公司正在清除存货的迹象。但到了1984年，该公司的销售额增长了25%，而存货却增长了约46%，这表明公司的生意再次不景气了，公司总部可能会传出坏消息。

仔细查看得州仪器1984年的年度报告后我发现，该公司1984年年末的坏账准备金率降低了，坏账准备金占该公司收益的12%，而1984年的每股收益为13.05美元。我在1985年2月20日发布的《收益质量报告》中写道："我们认为，降低的坏账准备金率和存货失衡会导致该公司1985年的股票收益低于华尔街目前的预测。"1984年，得州仪器普通股的价格创下了149.5美元的新高，到年末下跌到了120美元出头。到了1985年2月，其股价又下跌了超过6个百分点，但仍被认为有望回升。之后得州仪器报告其第二季度每股亏损了0.16美元，第三季度每股亏损了3.30美元。在此期间，其股价严重下跌至85美元左右。

该公司的年度报告早已传递出了其股价即将大跌的信息，最先知道这一信息的应该是关注其存货状况的投资者。

王安实验室也为我们提供了一个因产品线失宠导致存货失衡的生动例子。在截至1984年6月30日的财年的年度报告里，这家备受推崇的"未来办公室"设备供应商显示出了存在问题的迹象，其报告的每股收益为1.52美元，而1983年同期的为1.16美元，当时其股价接近30美元。

现在我们来看看该公司的存货状况。在完成对报告的初步研究时，你应该首先分析其存货数据（如表8.9所示）。

表8.9　王安实验室1982—1984年的销售额和存货

（单位：百万美元）

财年截止日	1984年6月30日		1983年6月30日		1982年6月30日
产品净销售额	1699.2		1203.0		927.6
		41.2%		29.7%	
存货	562.8		316.2		254.2
		78.0%		24.4%	

从表8.9中可以看出，王安实验室的存货增幅几乎是净销售额增幅的两倍。该公司承认其存货水平过高并评论说："管理层预计1985年公司的业务在特别强调存货周转率的情况下能提供更多的资金。"该公司前两个季度似乎表现很好，但很快就出现了问题。可参见表8.10所示的数据。

表8.10　王安实验室公司1984财年和1985财年的每股收益

（单位：美元）

	1985财年	1984财年
9月	0.36	0.28
12月	0.40	0.35
3月	0.12	0.36
6月	(0.77)	0.52
	0.11	1.51

有时企业会出现"存货构成正散度"的现象，它与此前所述的"存货构成负散度"的表现正好相反，指的是原材料的增幅远远大于半成品或成品的增幅。想象一下这可能意味着什么。公司收到了许多新订单，管理层意识到需要增加存货，因此，公司一边发货（成品存货下降），一边订购大量的原材料（原材料存

货增加）。当然，这是利好消息，应该会触发你对其股票的看涨心理。

瑞侃（Raychem）就是这样的情况，它是一家生产高质量材料的科技公司，它为航空航天、建筑、电子、电力、工艺和电信行业生产高性能产品。在截至1985年6月30日的财年里，该公司的每股收益从1984财年的3.84美元降为了2.84美元。有人可能会据此做出判断，应该避免入手其股票，事实上，其股票也正在被抛售。1983年夏天其股价在创下了93美元的历史新高后，于1984年初下跌至60美元以下，并在1984年夏一直停留在这一水平。

分析瑞侃的存货数据后我确信，该公司在1986财年的表现将好于华尔街的预期。我得出这一结论的主要原因是，从该公司1985年的年度报告来看，该公司出现了较显著的"存货构成正散度"现象。相关的数据如表8.11所示，任何人都可从该公司的年度报告中查阅到这些数据。

表8.11 瑞侃1982—1985年的存货构成

（单位：千美元）

存货	1985年	1984年	1983年	1982年
原材料	56,347	36,219	29,986	30,659
半成品	41,156	33,694	34,168	34,600
成品	61,625	51,428	50,689	45,773

请注意，1984—1985年，瑞侃的原材料存货增幅是远远大于半成品和成品的，这是该公司产量大增的征兆。根据我的经验，许多出现"存货构成正散度"的公司未来一年的收益要高于大多数分析师的预期。

事实证明，我的预测是正确的。在截至1985年12月31日的第二个财季中，瑞侃的每股收益为1.55美元，而在截至1984年12月31日的第二个财季中，该公司的每股收益为1.00美元。在截至1985年12月31日的6个月里，该公司的每股收益为2.46美元，而上一年同期的为1.62美元。

也许从这里可以观察到，股东们从季度报告中得到的相关信息很少。通常情况下，季度报告只包含基本的统计数据和管理层的简短评论，事实上，有些季度报告甚至不列示资产负债表。例如，IBM在季度报告中将应收账款、存货和预付费用汇总在一起列示。因此，要全面地审视季度报告，投资者就要获得公司向美国证券交易委员会提交的10-Q报告，该报告包含了资产负债表并对各项数据进行了适当的列示。请注意，季度报告期结束后45天内需要提交10-Q报告，大多数公司在截止日前5天内才会提交。

偶尔，获得信息就像拔牙一样非常困难。但信息确实存在，那些重视自己投入的数千美元的投资者要明白，不付出努力就不会有收获。

我相信你现在已经明白我的看法了，但为了总结这个最为重要的理念，我还想再举一个例子。赤道通信（Equator Communications，EQUA）是一家经营卫星通信业务的大企业，在截至1984年12月31日的年度里，该公司报告的每股收益为0.49美元，而上一年的为0.15美元（这两项数据均未扣除非经常性收入，非经常性收入在1984年和1983年分别为每股0.01美元和每股0.15美元）。当时其股价接近20美元，而且看似有望在2月份突破20美元。但从该公司年度报告披露的存货数据来看，结果不一定如此。有心人可以从其年度报告中看出这一点，但显然有心人不多。（数据如表8.12所示。）

表8.12　赤道通信1982—1984年的收入、应收账款和存货

（单位：千美元）

年度截止日	1984年 12月31日		1983年 12月31日		1982年 12月31日
总收入	38,297		17,860		9634
		114.4%		85.4%	
应收账款	10,204		2763		1320
		269.3%		109.3%	
存货	8474		1909		912
		343.90%		109.3%	

自行分析这些数据，看看你得出的结论是否与我的一致。我在1985年3月20日发布的《收益质量报告》中写道：

读者应该注意到，在截至1984年12月31日的年度里，赤道通信的应收账款和存货均大幅增加。1984年，该公司的总收入增加了114%，而应收账款增加了269%，存货增加了344%。

由于较高水平的应收账款和存货，该公司大幅减少了现金及短期现金投资。该公司的现金投资从1983年12月31日的1710万美元下降到了1984年12月31日的470万美元。1984年年末，该公司一年内到期的长期负债和一年后到期的长期负债总额约为1200万美元，而1983年末的这一数字为零。

投资者应该密切关注赤道通信的应收账款和存货数据。我们认为，该公司的应收账款和存货失衡将影响公司截至1985年12月31日的年度的股票收益。因此我们认为，该公司的股票收益将低于华尔街**目前的**预期。

到了年末，赤道通信的股价只有8.5美元了。事实证明，在截至1985年12月31日的年度里，若不考虑非经常性收入，该公司每股亏损了0.11美元。

在上述所有例子中，除了瑞侃的正面例子外，其他公司后来报告的收益都大大低于最初《收益质量报告》评论发布时的预测。这一事实给了我们非常明确的启示：不重视应收账款和存货数据的投资者——特别是在高科技和消费者敏感行业——会承担不必要的风险，而得不到相应的回报。下一次当你听到有关热门股的疯狂故事且不经调查就想贸然买入时，不妨想一想伯纳德·E.史密斯和那家烟囱里不冒烟的工厂。

债务和现金流分析

在20世纪80年代上半叶，有两类投资者从各个方面探究了公司债务。在高实际利率的诱惑下，那些传统上从事股票交易的人纷纷涌向了政府和企业市场，而更引人注目的一群人则设计了利用债务收购美国最负盛名的一些大公司的方法。

我们都熟悉第一类投资者，你可能就是其中之一。金融媒体的读者对另一类投资者也耳熟能详，他们是企业掠夺者和风险套利者，如T. 布恩·皮肯斯、伊凡·博斯基（Ivan Boesky）和卡尔·伊坎等。在这些活动中，投资者（通常是内部人士）利用债务换取股权，将负债股东权益比率可控的上市公司转变成了身负巨额债务的私有公司。

这发展到什么程度了？1984年，非金融公司用608亿美元的债券和989亿美元的短期债务取代了770亿美元的股本，此后，这一步伐进一步加快了。据估计，1985年股本供应总额减少了约1100亿美元。这成了大型投资机构的一种游戏，此前被视为二级机构的德崇证券成了"垃圾债券"的主要承销商，而"垃圾债券"一词当时在华尔街鲜为人知，个人投资者更是闻所未闻。此前名不见经传的KKR公司（Kohlberg Kravis Roberts & Co.）成了杠杆收购的专业机构，迅速名利双收。

在这些机构手里，低评级债务成了一种诱使股东接受交易并参与杠杆收购合作的货币。随着时间的推移，新的所有者将出售资产并用获得的资金偿还部分债务。但这不是我们关注的内容，我们关注的是，自20世纪80年代以来，投资者越来越意识到，负债是企业资产负债表的一个重要部分，精明的玩家不会忽略它。还有一点值得注意，那就是游戏规则正在改变，曾被视为危险的债务结构不仅正在被华尔街所接受，也在被投资者所接受。1985—1986年对垃圾债券共同基金的狂热追捧就是这一现象的明证。

从许多方面来讲，本杰明·格雷厄姆（Benjamin Graham）都堪称投资界的教父，他投入了大量的时间分析债务问题。在大多数投资者都在尽可能地确保资金安全的大萧条时期，谨慎的格雷厄姆是一位非常受欢迎的分析师，他对那些需要大量资金还债的公司持非常警惕的态度。格雷厄姆在他的经典著作《证券分析》（*Security Analysis*）中指出，就一家典型的工业企业而言，35%的资产负债率接近于保守借贷的上限。

20世纪50年代末，弗兰科·莫迪利安尼（Franco Modigliani）对格雷厄姆的观点提出了质疑。莫迪利安尼与其同事默顿·米勒（Merton Miller）撰文指出，债务结构不应该成为投资决策的一项主要考虑因素。这位未来的诺贝尔经济学奖得主说，事实上，在某些情况下，一家公司的资产负债率高达100%也是合理的。莫迪利安尼并不是在赞成20世纪80年代的收购巨头，他只是认为，以僵化的理念代替对个案的仔细审视必然会导致糟糕的投资决策。

我对债务问题有一些自己的看法。尽管莫迪利安尼的看法似乎足够明智，但并未扩展到债务分析方面，它是分析过程中的一个重要组成部分。对于那些陷入困境、正在被收购，或者更重要的是，通过发行自己的债券来对抗收购的公司而言，债务分析尤其重要。

值得注意的是，近年来竞争环境发生了变化，投资者在做出决策时必须牢记这一点。这并不是说投资者在考虑往哪里投资时必须具备很强的分析能力，并将格雷厄姆的观点抛诸脑后，而是说他们必须准备好寻求最可信的研究并慎重地得出结论，在搞不清收购大王的阴谋诡计时要保持警惕。

我在第5章（营业外收入和/或非经常性收入）中曾提到，在收购诺顿·西蒙和埃斯马克公司的过程中，比阿特丽斯公司转变成了一家头重脚轻的大型企业集团，其负债总额也从近10亿美元增加到了50亿美元。随后，该公司通过出售14亿美元的资产减轻了债务负担。

鉴于上述情况，再加上我认为该公司的收益质量比较低，当1985年夏天其股价仅为30美元出头时，我建议投资者避免买入其股票。根据传统的分析，我做出这样的判断是合理的，但当时的投资环境并不传统。后来KKR公司以每股45美元的价格收购了该公司。

我错在哪里了呢？我没有考虑到KKR公司在比阿特丽斯公司身上看到的价值，即一系列知名和成熟的品牌项目，它们将在未来几年甚至几十年内带来源源不断的收益。更重要的是，它们将带来可观的每股现金流，近年来，比阿特丽斯公司的每股现金流已经达到了每股收益的两倍。KKR公司显然有意出售其中一些品牌，并用所得的收入偿还收购所产生的一大部分债务。然后，在完成进一步的重组后，当市场条件成熟时，新管理层会将精简后的比阿特丽斯公司的部分公开发行新股，从而获得巨额的经济回报。

这意味着债务和现金流分析不仅是评估公司偿债能力，也是评估公司发展前景的有用工具。然而，一切的前提是，公司将继续以目前的形式存在，而不是成为被收购的目标。它还表明，并非所有"被低估"的公司都会吸引收购"艺术家"的目光，被收购的大多是从商业角度来看身处诱人行业或拥有大量未变现资产的公司。近年来，广播公司和食品公司均属于前者，而大型石油公司则属于后者。

如果你是在1984年或1985年，甚至是在1986年初读到了这些文字，你可能会忍不住跳到下一章，因为当时收购风潮正盛。但后来不断上涨的股市抑制了收购（私有化）之风，因为股价上涨后，收购者需要付出的价格也跟着提高了很多。此外，有迹象表明杠杆收购被用过了头，似乎曾一度对杠杆收购持赞许态度的莫迪利安尼此时特意表态，它们不在他的分析范围之内。他在1985年秋天说："我不同意（杠杆收购），它们不是为了改善公司的资本结构，而是那些缺乏资金的人想收购公司的结果。"下面我们继续分析，但请注意，我在这里分析的是我们持续关注的问题，而不是一些收购"艺术家"的野心。

我们先来看几个与公司的资本结构有关的比率。

$$长期负债股东权益比率 = \frac{长期负债}{股东权益}$$

$$负债对股东权益比率 = \frac{短期负债+长期负债}{股东权益}$$

$$利息保障倍数 = \frac{营业利润}{年利息费用}$$

上述比率有助于确定：（1）企业使用非股权资本的程度；（2）企业长期向非股权资本提供者支付的能力。换句话说就是，企业在拥有可分配的普通股收益之前，必须拿出多少现金流来满足债权人。

大多数华尔街分析师非常重视长期负债股东权益比率，他们会在给客户的研究报告中提供该比率的数据。虽然这一比率可能很有参考价值，但由于近年来利率不稳定，许多公司已开始利用短期债务为大量业务进行融资了。事实上，一位富有想象力、对货币市场的动向有着敏锐洞察力的财务主管，只要在适当的时候将长期负债转变为短期负债或将短期负债转变为长期负债，为公司赚到的钱就可以和工厂经理赚到的一样多。具有一定想象力的投资银行家可以通过债权转股权或股权转债权增加客户收益、减少利息或股利支付以及为客户做各种神奇的事情。

这意味着，尽管长期负债股东权益比率仍然有参考价值，但投资者应该把它与总负债对股东权益比率（这一比率也考虑了短期负债）一起来考虑。总负债对股东权益比率很容易计算，即只需把短期负债与长期负债相加，然后除以股东权益。如果你看到长期负债股东权益比率为20%，而负债对股东权益比率为50%，就应该思考是否应该改变对资产负债表的看法。

在分析一家公司的债务状况时，投资者应该先浏览其损益表，查看利息费用

（如有的话）是多少。然后，把利息费用加回到公司的税前利润中。接下来计算出利息费用占调整后税前利润的比例。为什么要这么做呢？因为这能让你对公司的财务实力有一个更清晰的了解。简单地说，利息费用占税前利润的比例越高，公司的杠杆率就越高，高收益对股价上涨或低收益对股价下跌的影响就越大。

现在我们举一个典型例子来说明这种情况。我们之前对国际收割机公司进行了分析，现在它改名为纳威司达公司（Navistar）了，因为其管理层认为，老名字给客户和投资者留下了不好的印象。表9.1显示了国际收割机公司从截至1976年10月31日到截至1980年10月31日的几个财年里的利息费用。

表9.1表明，在国际收割机公司1976—1980年的税前利润（亏损）中，有很大一部分被利息费用消耗了。特别值得注意的是，1979—1980年，其利息费用从1.48亿美元增加到了近2.89亿美元。

表9.1　国际收割机公司1976—1980年的利息费用

（所有数据均来自截至10月31日的财年，单位：百万美元）

	1980年	1979年	1978年	1977年	1976年
税前利润	（891.6）	379.2	193.7	249.7	219.4
利息费用	288.9	148.4	125.9	117.7	121.3
经利息费用调整后的税前利润（或损失）	（602.7）	527.6	319.6	367.4	340.7
利息费用占调整后的税前利润的比例	—	28%	39%	32%	36%

当投资者看到这种数据时，他们的脑海里应该响起警报声。利息费用占利润的比例快速增长的原因可能是利润稳定的同时借款增加，也有可能是与债务有关的利润下降。若是前者，投资者就要进一步考虑该公司增加借款是为了摆脱困境还是为了在增长前景一片光明的情况下采取相应的行动。若是后者，那么投资者就要警惕该公司未来可能出现的问题了。

此时就要仔细审查该公司年度报告中的财务状况变动表了。我们在后面转载了国际收割机公司1980年年度报告中的财务状况变动表。

该表显示，1980年，国际收割机公司的长期负债增加了约3.79亿美元（增加的约4.43亿美元长期负债减去6400万美元的长期负债减少额）。此外，该公司发行了1.5亿美元的优先股，而且应付票据增加了3.97亿美元。

虽然我之前批评过国际收割机公司，而且经常批评其管理层的言论和经营，但我必须承认这一点：该公司向投资者提供的与其资本化有关的比率表非常出色（参见第151页）。

从第151页可以注意到借款总额和可赎回优先股与普通股股东权益和可转换优先股的比率、借款总额与普通股股东权益和优先股的比率以及长期负债占普通股股东权益、优先股和长期负债的比率都在恶化。我在1981年2月16日发布的《收益质量报告》中写道：

全美汽车工人联合会（UAW）组织的长期罢工、利率飙升和经济衰退的大环境相结合已经对国际收割机公司的财务比率造成了严重的不利影响。读者应该注意的一个事实是：自1975年以来，该公司的财务比率在经过连续4年的改善之后，于1980年再次恶化到了1975年的水平之下。

再一次地，公司承担了自身行为带来的恶果。在截至1980年10月1日的财年里，国际收割机公司每股亏损了12美元。1981年初，该公司的股价高达26美元，但由于深陷债务危机，再加上破产的谣言甚嚣尘上，其股价随后暴跌至6美元。即使该公司因资产重组避免了破产的命运，其发展前景也不容乐观。1982年，该公司普通股的价格最终跌至2.75美元。投资者能预料到这样的结果吗？也许不能，但任何在1981年初注意到其财务比率恶化的人肯定都会提前得到一些警示，即该公司以后会面临麻烦。

财务状况变动表

（国际收割机公司及其子公司；单位：千美元；财年截止日期：10月31日）

	1980年	1979年
经营活动产生的营运资金（已使用）		
持续经营利润（亏损）	（369,628）	369,562
不影响营运资金的项目：		
折旧和摊销	129,646	126,798
非并表公司的未分配盈余	（119,849）	（102,728）
递延所得税	（59,956）	159,021
其他	961	2033
持续经营产生的营运资金（已使用）	（418,826）	554,686
威斯康星州钢铁厂（Wisconsin Steel）净损失	（27,700）	—
不影响营运资金的项目——递延所得税	（27,200）	—
威斯康星州钢铁厂的营运资金（已使用）	（54,900）	—
经营活动产生的营运资金总额（已使用）	（473,726）	554,686
其他营运资金来源		
长期负债增加	442,858	117,690
C系列优先股发行	150,000	—
普通股发行	32,914	30,726
资产处置	16,025	8685
其他来源的营运资金总额	641,797	157,101
营运资金的其他用途		
资本支出	383,763	284,907
现金股利	83,141	76,389

续表

	1980年	1979年
减少长期负债	63,960	102,061
增加投资和长期应收账款	67,136	52,060
其他	15,280	13,792
其他用途的营运资金总额	613,280	529,209
营运资金的增加（减少）	(445,209)	18,257
营运资金		
年初	1,392,398	1,209,820
年末	947,189	1,392,398
营运资金的变化		
流动资产——增加（减少）：		
现金	111,901	(2051)
应收账款	(169,548)	113,974
应退所得税	132,762	8927
存货	(11,265)	450,011
其他流动资产	97,800	46,197
流动负债——增加（减少）：		
应付票据	(397,550)	(105,932)
应付账款	(41,150)	(333,657)
应计费用	(147,229)	(38,517)
一年内到期的长期负债	(20,930)	43,626
营运资金的增加（减少）	(445,209)	182,578

见财务报表的附注。

比率	1980	1979	1978	1977	1976	1975	1974	1973	1972	1971
流动资产与流动负债之比	1.4-1	1.7-1	1.8-1	2.2-1	2.2-1	2.1-1	1.7-1	1.8-1	2.0-1	2.2-1
借款总额和可赎回优先股与普通股股东权益和可转换优先股之比	1.21-1	0.67-1	0.75-1	0.77-1	0.84-1	1.08-1	0.99-1	0.81-1	0.76-1	0.65-1
借款总额与普通股股东权益和优先股之比	1.15-1	0.63-1	0.70-1	0.72-1	0.78-1	1.01-1	0.99-1	0.81-1	0.76-1	0.65-1
长期负债占普通股股东权益、优先股和长期负债的比率	41%	30%	33%	36%	37%	40%	32%	28%	28%	27%

我们再来看另一家具有高度杠杆化的资产负债表的公司——千轨公司（Thousand Trails）的例子。这家公司的行为逻辑是耐人寻味的。在国家公园人满为患的背景下，该公司别出心裁地计划开发大型私人公园，提供各种娱乐服务，向往这种度假方式的客户可以分时进行购买。该公司以现金或分期付款的方式出售会员资格。当度假合同被执行时，该公司会在账目中全额计入会员销售收入。对于分期付款销售，首期付款额必须至少为会员售价的10%。所有的销售费用和预估的合同收款损失准备金都是当期入账的。

表9.2显示了该公司1982—1984年利息费用占税前利润的比例。请注意，利息费用已经被加回至了税前利润，用利息费用除以调整后的税前利润即可得到这一比例数据。利息费用的计算在利息资本化之前完成。

表9.2　千轨公司
（单位：百万美元）

	1984年	1983年	1982年
递延所得税前利润	35.40	22.63	15.10
总利息费用	11.01	6.41	6.76
加入利息费用的递延所得税前利润	46.41	29.04	21.86
利息费用占调整后的递延所得税前利润的比例	24%	22%	31%

从表9.2可以看出，1982年，由于公司在成立后的早期阶段进行了必要的投资，千轨公司的利息费用占调整后的递延所得税前利润的比例较高。这一数字在1983年急剧下降，并于1984年趋于平稳。乍一看这些数据你会觉得千轨公司的经营状况良好。不过在得出最终的结论前，我们还需要做进一步的观察。

翻阅下文转载的该公司1982—1984年的财务状况变动表（第158页的表），我们会发现，该公司确实为收购和开发度假村投入了大量的资金，这也导致其以应收账款合同作为抵押的借款大幅增加。1983—1984年，用于收购和开发度假村的资金支出从2060万美元增加到了5930万美元，1984年以应收账款合同作为抵押的借款共计6330万美元，而1983年的仅为85.1万美元，这是相当大的增幅，需要我们深究背后的原因。

为了解利息费用的详情，读者不得不把目光转向附注。正如我之前指出的，附注是年度报告中最重要的内容之一，但常常被投资者所忽视。在附注H中，有一个标题为"成本和费用"的项目，从中我们发现，该公司的利息费用从1983年的640万美元飙升至1984年的1100万美元。这个附注这样写道：

公司把利息作为度假村重大改进成本的一部分予以资本化。1982年的利息费用总额为6,756,000美元，1983年的为6,411,000美元，1984年的为11,007,000美元，其中被资本化的利息分别为2,553,000美元、2,454,000美元和5,883,000美元。

这必然导致人们关注其资产负债表里的负债项目及其数据。详情见下面转载的表格。

千轨公司及其子公司的合并资产负债表

（单位：美元）

截至12月31日的负债和股东权益	1983年	1984年
流动负债：		
应付账款	2,415,000	5,980,000
应计薪金	3,714,000	6,110,000
预付会费	1,887,000	2,706,000
其他负债	1,180,000	3,322,000
长期负债的当期部分	5,896,000	9,359,000
递延所得税	7,026,000	9,197,000
流动负债总额	22,118,000	36,674,000
长期负债	47,343,000	112,895,000
递延所得税	22,007,000	35,856,000

续表

截至12月31日的负债和股东权益	1983年	1984年
递延租赁收入		3,428,000
承付款项与或有事项（附注G）		
股东权益：		
授权的无票面值普通股15,000,000股；已发行的10,197,145股和流通在外的10,658,476股	29,358,000	30,934,000
留存收益	30,941,000	49,983,000
	60,299,000	80,917,000
	151,767,000	269,770,000

我们可以利用表中的数据计算出该公司的负债对股东权益比率。将长期负债的当期部分与长期负债相加，得到1984年的负债总额为1.222亿美元，而1983年的约为5320万美元，增幅高达130%。然后，将当期的和长期的递延所得税总额（1984年的约为4500万美元，1983年的约为2900万美元）加回至股东权益（1984年的约为8090万美元，1983年的约为6030万美元）。（这样做的原因是，递延所得税只是一种"纸面"会计分录，公司可能永远不会支付。此外，当公司被清算时，股东权益可能会因累积的递延所得税准备金而增加。）

计算结果表明，该公司1983年的负债对股东权益比率为60%，而1984年的为97%。

你自己想想千轨公司的杠杆率是否过高了，即其负债水平是否过高了。一方面，该公司经营的是需要大量负债的业务；但另一方面，这些业务本身很新颖，未经验证，前途未卜。在我看来，该公司的股票是高风险证券，原因之一就是，在其所处的行业里，人们不知道什么样的资产负债表是审慎的，因此也不知道什么样的杠杆率是合理的。

1985年，千轨公司的每股收益暴跌至0.16美元。销售放缓和高昂的利息费用使该公司陷入了困境。1985年12月13日出版的《价值线》这样描述该公司的情况：

一年的变化太大了。12个月前，当我们报道千轨公司时，它的股价曾一度飙升至28美元。从那以后，其股价一路下跌，现在仅为6.875美元了。我们认为，这是由于传闻的合并失败和收益低于预期导致的。9月份异常高的销售费用导致该公司的每股收益暴跌至0.1美元，仅为1985年中期的七分之一。

《价值线》对该公司的未来发展持谨慎乐观的态度。"但千轨公司在调整方向。它计划在未来几年内消化1984年和1985年收购的度假村。扩张放缓将减少对额外债务的需求，这应能支撑住现在拥有高杠杆率的资产负债表。"也许会如此，我们拭目以待吧！不过任何对千轨公司的财务状况进行了上述类型分析的人都能看得出来，该公司现在处于危险的境地。投资者都很清楚，获利的机会越大，风险通常就越大。我并不是建议投资者回避这样的风险，我只是建议他们在做决策时应该知道自己将要面对的是什么。

了解一家公司在任何时段内从经营活动中产生的现金流量是分析其财务状况的基础。从经营活动中产生的现金流量被称为经营业务现金流量（Cash Flow from Operations，CFFO），它与术语"现金流量"（Cash Flow）不同，后者指的是利润加折旧准备金的总和。由于展现数据的方法众多且令人困惑，计量CFFO很困难。投资者凭本能也知道这是个很重要的问题。在努力读完了年度报告之后，他们想知道公司今年的表现是否比上年更出色了。研究这一领域的先驱利奥波德·A.伯恩斯坦曾这样写道：

信贷和股票分析师对具有误导性的CFFO数据呈现的最佳防御措施是，分析财务报表时，对什么是CFFO以及如何计算CFFO有清晰的认识。从目前的情况来看，如果一名分析师接受了CFFO或类似术语的公开数据，那么他就有可能面临接受不准确的、具有误导性的计算方法的风险。理解CFFO是如何计算的能使分析师判定所披露数字的有效性，并在必要时做出正确的调整。

千轨公司及其子公司的合并财务状况变动表

（单位：美元）

截至12月31日	1982年	1983年	1984年
营业收入：			
现金收入——			
会员资格销售收入	22,582,000	27,738,000	30,549,000
合同应收款项收入，包括利息	19,278,000	28,619,000	44,060,000
会费和度假村收入	7,336,000	10,507,000	15,586,000
其他	133,000	211,000	1,288,000
	49,329,000	67,075,000	91,483,000
现金支出——			
销售费用	23,211,000	32,832,000	48,653,000
一般费用和行政管理费用	7,739,000	11,325,000	12,510,000
度假村维护和经营费用	6,127,000	8,625,000	13,743,000
	37,077,000	52,782,000	74,906,000
经营活动产生的现金（偿债以及扣除收购和开发度假村的支出前）	12,252,000	14,293,000	16,577,000
收购和开发度假村的现金支出	（12,631,000）	（20,609,000）	（59,316,000）
利息费用	（4,203,000）	（3,957,000）	（4,984,000）
偿还与度假村地产有关的负债的本金	（2,388,000）	（4,337,000）	（4,688,000）
经营活动产生的现金支出	（6,970,000）	（14,610,000）	（52,411,000）

续表

截至12月31日	1982年	1983年	1984年
其他现金来源（使用）			
发行普通股	4,161,000	17,756,000	989,000
以应收账款合同作抵押的借款收入	8,646,000	851,000	63,284,000
购买度假村运营设备，扣除1,008,000美元、1,302,000美元和3,165,000美元的相关借款	（313,000）	（1,711,000）	（5,953,000）
购买建筑物和其他设备，扣除64,000美元、86,000美元和96,000美元的相关借款	（1,177,000）	（1,232,000）	（4,266,000）
应付票据本金支付和信贷额度安排	（735,000）	（1,109,000）	（306,000）
投资优先股	（3,000,000）		
其他，净额	（81,000）	122,000	（463,000）
	7,501,000	14,677,000	53,285,000
现金增加额	531,000	67,000	874,000
现金余额：			
年初	172,000	703,000	770,000
年末	703,000	770,000	1,644,000

伯恩斯坦教授曾编制过一份工作表，利用它可将各种格式的财务状况变动表转换为解释现金（包括经营活动产生的现金）流入和流出的表格。我们以来自家乐氏公司（Kellogg Company）1984年年度报告中的数据（自1983年12月31日至1984年12月31日）为例来解释这份工作表，一些数据也来自家乐氏公司的合并财务状况变动表。利用这份工作表，我把家乐氏公司的数据转换成了在我看来更清晰、更有用的统计数据。仔细审视这些数据，看看你是否同意我的说法。

将家乐氏公司1984年和1983年财务状况变动表数据录入现金流量工作表，审视该表后我们会发现以下几点：

1. 家乐氏公司财务状况变动表中的每一项在转换工作表中都有相应的类别与之对应。在表中标注出大写字母是为了方便读者理解转换过程。

2. 将财务状况变动表中的每一项都转移到现金流量工作表中并计算出主要的项目小计及总额后，现金的增减就得到了充分的解释。这样的解释增强了转换过程的有效性和准确性，也验证了"经营活动产生的现金"这一项目计算的重要性。

家乐氏公司及其子公司合并财务状况变动表

（单位：百万美元）

截至12月31日		1984年	1983年	1982年
资金来源：				
净利润	A	250.5	242.7	227.8
折旧	B	63.9	62.8	55.9
递延所得税及其他	C	62.6	12.0	27.1
经营活动产生的营运资金	D	377.0	317.5	310.8
长期债券的发行	J	348.1	1.5	
普通股的发行	K	6.7	1.1	0.4
资产处置	L	12.0	38.0	5.3
税务租赁优惠的确认	M	3.1	6.2	12.0
其他	M	0.9	0.5	3.1
资金总额		747.8	364.8	331.6
资金用途：				
购买资产	N	228.9	156.7	121.1
现金股利	P	123.6	124.0	116.6
购买库存股	Q	577.9		
税务租赁投资	S		11.6	14.2
偿还长期负债	O	2.7	3.6	75.7
其他	T	14.6	10.5	13.9

续表

截至12月31日	1984年		1983年		1982年
使用的资金总额	947.7	R	306.4	R	341.5
减去汇率变动对营运资金的影响额	15.1		12.5		14.9
营运资金的增加（减少）	(215.0)		45.9		(24.8)
营运资金构成的变化：					
现金	71.8	U	35.6	U	36.0
短期证券	(11.7)	V	53.4	V	(39.9)
应收账款	25.4	E	16.4	E	(18.2)
存货	4.3	F	(10.9)	F	(3.5)
预付费用	(1.4)	G	4.5	G	7.5
当期到期的负债	(320.6)	J	(13.5)	J	10.0
应付账款	(10.6)	H	(17.7)	H	5.4
应计项目	27.8	I	(21.9)	I	(22.1)
营运资金的增加（减少）额	(215.0)		45.9		(24.8)

见财务报表的附注。

表9.3 家乐氏公司现金流量工作表
（单位：百万美元）*

		1984	1983	19___	19___	19___
现金来源：						
经营活动：						
非经常性收入前的净利润	A	250.5	242.7			
+不影响营运资金的费用（－不影响营运资金的收入）：						
折旧和摊销	B	63.9	62.8			
非当期递延所得税	C	62.6	12.0			
=经营活动产生的营运资金	D	377.0	317.5			
+（－）与经营活动有关的流动资产和流动负债的变化：						
应收账款中的（I）D	E	(25.4)	(16.4)			
存货中的（I）D	F	(4.3)	10.9			
预付费用中的（I）D	G	1.4	(4.5)			
应付账款中的I（D）	H	10.6	17.7			

续表

现金来源：		1984	1983	19__	19__	19__
应计项目中的I(D)	I	(27.8)	21.9			
其他经营活动相关经常账户的I或D						
=经营活动产生的现金		331.5	347.1			
非正常收益（损失），税后净额						
扣除非现金项目						
长期负债（348.1+320.6）	J	668.7	15.0			
短期负债（扣除偿还额）						
发行普通股或优先股	K	6.7	1.1			
出售工厂和设备	L	12.0	38.0			
其他（3.1+0.9）	M	4.0	6.7			
其他						
现金总额		1022.9	407.9			

续表

现金用途：		1984	1983	19	19	19	19
购买工厂和设备	N	228.9	156.7				
购买其他非流动资产							
偿还长期负债xx美元和长期负债的当期部分里的（I）D，xx美元	O	2.7	3.6				
股利xx美元和支付股利里的（I）D，xx美元	P	123.6	124.0				
购买普通股或优先股	Q	577.9	11.6				
其他——汇率变化	R	15.1	12.5				
其他——税务租赁投资	S						
其他	T	14.6	10.5				
使用的现金总额		962.8	318.9				
现金和短期证券的增加（减少）		60.1**	89.0**				

	1984	1983
现金（U）	71.8	35.6
短期证券（V）	(11.7)	53.4
	+60.1**	+89.0**

*所有数据均来源于该公司的财务状况变动表，包括营运资金每个组成部分的净变动额。你可以自行计算出"经营活动产生的营运资金""经营活动产生的现金""现金总额"和"使用的现金总额"这几项。

163

第 **10** 章

股利：温柔的陷阱

翻阅任何与投资相关的大学教材你都会发现这样的观点：债权人（债券持有人）会因贷款获得利息回报，公司所有者（股东）则会获得股利。然而，在现实中，情况有些不同，而且肯定要更复杂。债券和股票的投资者都着眼于短期。许多机构可能同时持有债券和股票长达数十年，但大多数个人投资者已不这么做了。鲜有投资者在买入债券时打算一直持有它们，直到到期。相反，他们之所以购买这些债券，是因为他们预期利率会下降，债券价格会上涨，在等待的同时，他们会获得令人满意的利息回报。至于股东，他们不太关注所有权关系，他们之所以购买股票，是因为他们希望股价会因为各种原因上涨。在他们等待股价上涨的同时，股利可为他们提供良好的缓冲。

债券到期时，持有人必会得到兑付，因为公司若要继续经营，它们就必须兑现债券。股利则完全是另一回事，没有这项支出，稳健的大公司也能兴旺昌盛，现实中有很多公司都是如此。事实上，管理层可能认为这笔支出没有存在的必要，甚至对公司的经营有害。他们认为应该想方设法偿还负债，但向股东支付可观的现金股利有什么好处呢？一位CEO在强烈的情绪刺激下袒露出了这样的心声："为什么要给那些陌生人发钱呢？"

因为这就是股东。他们不太关心公司的长期福祉，而是更希望能从买入的股票中获利。事实上，管理良好、经营健康的企业非常重视增长，它们知道增长要靠强大而聪明的员工，奖励他们要比奖励股东好得多，因为员工对公司的影响要比那些临时的"所有者"大得多，当觉得公司前景不佳时，这些临时的"所有者"会立即出售持有的股票。

管理层是否有充分的理由支付股利呢？当然有。当公司知道它将不得不出售更多的股份并希望维持普通股的价格，从而使融资成本低于其他途径时，支付股利确实是有价值的。例如，公用事业企业就是如此。因管理不善而导致股价或股票市盈率较低的工业企业为了促使股价上涨从而阻止企业掠夺者的收购，会提高股利。事实上，股利通常以收益的形式为股票确定了一条价格"下限"，从而吸引了有兴趣获得这种回报的投资者。

我不太相信那些支付慷慨股利的公司，你也应该如此。我们以一家拥有500万美元"超额"现金的公司为例说明原因。如果该公司运营状况良好，它可能会用这笔钱来资助研发，或者降低产品价格以增加市场份额，或者投入许多其他能提高企业价值的经营活动中。但假设它找不到任何值得投资的地方，我们可能会认为这家公司进入了死胡同。在这种情况下，它为了安抚股东，避免被企业掠夺者收购，可能会增加股利。

这一信息很明确，并且管理大师彼得·德鲁克（Peter Drucker）最有力地阐述了这一点。他写道，在一家健康的公司里，其所有的收入都会被用来支付过去、现在和未来的费用——过去的费用指利息费用，现在的费用指工资、租金和原材料费用，未来的费用指研发和扩张费用。德鲁克说，事实上，充满活力的公司一直在努力筹措更多资金，以便利用它们在各方面发现的诱人前景。身处停滞不前的行业、境况不佳的公司几乎没有新的机会，才会用盈余资金增加股利支出。

这些盈余资金也可能被公司用来回购股票，尽管正如我们将看到的，这种做法也有合理的理由。有两种方法可以增加每股收益，一是赚更多的钱，二是减少股票数量。一般情况下，前者是首选，只有在其他方法都失效时才会选后者。你希望你持股的公司采用哪一种呢？若有两家公司，它们的每股收益都翻了一番，第一家是通过增长实现的，第二家是通过减少股票数量实现的。哪家更有活力呢？答案不言自明。

以底特律的三大汽车制造商为例。1984年1月，克莱斯勒（Chrysler）宣布将回购多达25%的已发行股份，次年福特（Ford）表示将回购已发行的1.85亿股中的3000万股。接下来，在1986年3月，通用汽车公司声称将花费近20亿美元回购其大量普通股、E类股和H类股。回购股票对这些汽车公司有什么好处呢？它能提高这些公司的每股收益，并可能导致它们的股价上涨。这一做法对通用汽车公司的H类普通股尤其重要，因为该公司已对外承诺，到1989年末，这类股票的价格将达到至少60美元。该公司在发布公告时，其股价仅为38.25美元，但这距离其承诺兑现日还有三年半的时间，它有足够的时间想方法。

通用汽车公司的股东或许能从这一举措中受益，但还有另一种提高该公司每股收益的方法：将这20亿美元投入能让其赢利的经营活动中并从业绩中获得回报。底特律三巨头显然对自己从经营活动中赚钱的能力信心不足，因此选择了回购股票。事实上，还有一个更有趣的选择：这些公司可通过降价积极抢占外国公司的市场份额，但它们也没有选择这么做。

快速扩张的公司无力支付股利或回购股票。拥有"超额"现金的公司应该用这笔钱回购股票，而不是大幅增加股利。最后，一些公司支付了与盈利相比较高的股利，要仔细研究这些公司，弄清楚管理层这么做的原因。

对这种做法感到不适的人可能会因本杰明·格雷厄姆和其他基本面流派人士的话受到鼓舞。在他们看来，高额且不断增加的股利是一家公司强大的标志，投资者应该买入其股票。这种态度是在大萧条时期形成的，当时商人对增长和扩张的胆怯是可以理解的，投资者坚持要求丰厚的股利。格雷厄姆对此的观点非常明确，他指出：

衡量企业成功与否的一大标志是，它能否自由地向投资者支付稳定增长的股利。在大多数情况下，普通股的价格受股息率的影响比受盈利的影响大。换句话说，与留存收益和再投资收益相比，分配的收益对市场价格的影响更大。任何公司的"外部"股东或非控股股东只能通过这两种方式从投资中获益：股利和股票市值的增加。股票的市场价值在大多数情况下主要取决于股息率，因此后者几乎决定了投资者最终获得的全部收益。股利的显著作用已在一个大致接受的投资价值理论中得到了充分的反映，该理论指出，普通股的价值等于未来预期支付的所有股利的总和，所有股利都按现值折现。

然而，要注意的是，信奉上述理念的投资者不会买入令人兴奋的新兴行业里发展迅猛的年轻公司的股票，而且他们也会远离许多成熟的成长型公司的股票。事实上，格雷厄姆认识到，虽然他的理念在大萧条时期具有巨大影响力，但截然不同的是，在20世纪50年代和60年代的牛市中，这一理念正逐渐失势。在上述段落的脚注中，他提到"我们之所以使用'大致接受的'一词，是因为近年来这一观点受到了质疑"。在附录中，格雷厄姆补充说："我们建议将'股利流理论'扩展为：普通股的价值是给定时期内预期股利的折现值和该时期结束时预期股票市价的折现值之和。"

需要指出的是，股利政策仍然是体现管理层对股东态度的最重要的方面，谨慎的投资者无论如何看待股利，都需要关注它。从一开始就要注意到，分析任何特定情况下的股利政策要比分析其他活动能更好地帮助投资者确定公司管理层的决心和智慧。

基于实证证据，我个人的看法显然是，在条件相同的情况下，从长远来看，在支付最少的股利或不支付股利的情况下，公司可以发展得更好。除了上述的原因之外，在当前的法律环境下，公司支付股利会遭受双重征税。公司的利润会被征税，当一部分利润被支付给个人股东时，它们会被再次征税。相比之下，美国联邦税务局将债券利息视为经营成本，因此可以将其从毛利中扣除。政府呼吁公司通过债券而不是股票来为经营活动融资。

那么，为什么要支付股利呢？或者当削减或终止股利很困难或令人不快时，为什么不至少停止增加股利呢？其中的一个原因可能是机构投资者和专业投资者的作用，他们主导了美国金融市场80%的投资活动。一些公司董事会认为，相对宽松的股利政策可以安抚基金经理。然而，事实并不一定如此，因为一大群投资组合经理正在四处奔波，搜寻能获得高于平均水平的投资回报的机会。在这样的背景下，许多"捕猎者"盯上了公司，他们认为自己可以从公司的资产和股利流中获得比现有管理层更高的回报。然而，在大多数成熟公司的管理层眼里，股利与母亲、苹果派和美国国旗类似。

减少和/或取消股利通常被视为公司失败和陷入麻烦的迹象。公司会收到愤怒的股东发来的信件，而且会受到推荐其股票的证券分析师的诅咒。其股价通常会下跌，标准普尔和穆迪会考虑重新评估其债券的信用等级。换言之，公司可能会经历一段最难熬的时光，大多数管理层都不愿意有这样的经历。难怪CEO们会竭尽全力地发放股利而不是放弃发放股利。在这样的背景下，雅芳的CEO希克斯·沃尔德伦（Hicks Waldron）在接受《纽约时报杂志》（New York Times Magazine）的采访时指出："公司管理委员会面临的一个紧迫问题是，公司业绩没有达到预期目标。因此，公司第二季度的收益可能相当糟糕。糟糕的收益将使公司在发放每股2.00美元的年度股利时承受压力。"因此，沃尔德伦恳求大家削减开支，希望能以此节省出1500万美元。在报告糟糕的季度业绩数据前，任何CEO都会想方设法让数据变得好看一点。（有一次，我问沃尔德伦，是否可以说他"想办法避免发布低于计划的数字"，他回答说："'想办法'都是保守的说法。正确的用词应该是'竭尽全力'，你必须竭尽全力才能保住目标。"）

对于一家公司来说，追求适度的股利政策，仅向股东支付一小部分收益可被视为更有胆识的做法。然而，一些董事赢得喝彩的愿望如此强烈，以至于他们继续推进，沉迷于发放更多的年度股利。

国际电话电报公司的兰德·阿拉斯科格（Rand Araskog）认为，发放股利是他奖励股东的方式，每年提高几美分的每股股利能让公司与股东和平相处。但与此同时，他的公司正在借钱支付股利。

公平地说，该公司的股利政策不是阿拉斯科格制定的，而是哈罗德·杰宁制定的，他决定将向股东发放股利作为庆祝公司取得预期成功的方式之一。1958年杰宁担任CEO时，国际电话电报公司的年收入不足8亿美元；到1979年他卸任时，该公司的年收入达到了180亿美元。在他的带领下，该公司发展成了一家拥有250多家子公司、经营100多项业务的国际企业集团。更重要的是，他在国际电话电报公司留下了自己的印记，他的继任者莱曼·汉密尔顿和此后的阿拉斯科格几乎无法改变这一点。1982年11月，阿拉斯科格宣布，"为了证明他们对公司未来发展的持续信心"，董事会批准了连续第十九个年度增加股利的政策，他将尽可能地继续执行这一政策。

下面这些冷冰冰且残酷的数据呈现了一个悲惨的故事，即国际电话电报公司为了向投资者展现美好画面而切断了自己的金融大动脉。

国际电话电报公司1971—1985年的部分统计数据

年份	每股收益（美元）	每股股利（美元）	普通股股利支付率（%）	长期负债（百万美元）	普通股数量（百万股）
1971	3.37	1.16	34	无列示*	75.0
1972	3.72	1.20	32	无列示*	95.6
1973	4.08	1.32	32	无列示*	94.5
1974	3.57	1.46	41	无列示*	94.4
1975	3.12	1.54	49	无列示*	94.3
1976	3.81	1.64	43	2295	94.2
1977	3.99	1.82	46	2351	104.5
1978	4.49	2.05	46	2872	112.2
1979	2.59	2.25	87	2964	115.8
1980	5.95	2.45	41	2847	122.3
1981	4.63	2.62	57	3336	130.2
1982	4.68	2.70	58	2890	133.2

续表

年份	每股收益 （美元）	每股股利 （美元）	普通股股利 支付率（%）	长期负债 （百万美元）	普通股数量 （百万股）
1983	4.50	2.76	61	2783	137.7
1984	2.97	1.88	63	2589	139.7
1985	2.99	1.00	36	2700	141.0

*无列示：在《价值线》1986年2月21日的调查中没有列示。

数据来源：1986年2月21日的《价值线投资调查》，版权为价值线所有。

请注意，国际电话电报公司1971—1973年的股利支付率仅为30%多，到了20世纪70年代中期，股利支付率提高到了45%左右，1981—1984年提高到了57%~63%。在此期间，该公司的长期负债平均额约为29亿美元，但发行在外的普通股数量从1978年的1.12亿股增加到了约1.4亿股。

任何一个关注该公司这些年来股利与收益关系的人在看到这些数据时，都可能想到三驾马车被狼追赶的俄罗斯民间故事。马车前进得越快，狼似乎也跑得越快。即使马车慢下来，狼群仍会继续追赶。人们可能会问，股利何时会超过收益呢？即使是大致浏览的读者也能看出，国际电话电报公司已经被慷慨的股利政策束缚住了，它的许多业务对资本的需求不断增长，一些其他业务的业绩令人失望，这让该公司的处境越发艰难了。

1984年7月，阿拉斯科格终于硬着头皮做出了改变：国际电话电报公司将其季度股利从0.69美元降低至0.25美元。这导致其普通股的价格在一个交易日内从31美元降为了21美元，整整下跌了10美元。

国际电话电报公司为我们提供了一个教科书式的例子，它清楚地表明了当一家公司把增加年度股利视为不可撼动的政策时会发生什么。野村证券（Nomura Securities）的分析师布莱恩·费尔南德斯（Brian Fernandez）评论说，国际电话电报公司出现这样的结果是不可避免的。当恶果显现时，他说："没有人意识到，杰宁在为公司制定这样一个惊人的战略"盒子"时，并没有考虑到所有业务的未来现金需求。"阿拉斯科格则哀怨地说:"20多年来,国际电话电报公司一直在发放股利……它已经变得根深蒂固,难以撼动了。"直到杰宁离开国际电话电报公司的董事会后阿拉斯科格才开始削减股利,这可能不是巧合。

在国际电话电报公司股利危机的余波中,当该公司股价跌至20多美元时,所罗门兄弟公司(Salomon Bros)发布了一份有关该公司的报告,称该公司存在资产隙,投资者应买入其股票。奥本海默(Oppenheimer)的投资组合策略师迈克尔·梅茨(Michael Metz)在国际电话电报公司削减股利不久后就买入了其股票,因为他认为,当该公司被分拆或其部分被出售且收益被分配时,其股东的境况会变好。他声称:"这家公司没有继续存在的理由。"1986年年中,国际电话电报公司的股价上涨至45美元,原因是股票收益的反弹和可能存在的资产隙。

我们再来看看西联汇款(Western Union)。多年来,尽管该公司的资本性支出常年超过现金流,该公司一直在实施一项惊人的政策:将其一半以上的收益用于发放股利。到了1984年,该公司每股亏损了3.24美元,此时它取消了股利,其股价暴跌。

有人可能会说,国际电话电报公司旗下的几家公司经营的都是快速增长的业务,而西联公司一直被视为有望复兴的高科技企业,因此,对未来收益的乐观憧憬可能有助于增加国际电话电报公司的股利发放,并维持西联公司的股利发放。此外,公司的管理层非常清楚这一事实:慷慨的股利政策有助于公司股票在高位,这是一个常被提及的支持发放充足股利的论点。但那些身处疲软行业、经营陷入困境的公司又如何呢?它们可没有这样的理由向普通股的持有者支付大笔的股利。伯利恒钢铁公司(Bethlehem Steel)就是这样的企业,它通常会在经济不景气的年份里减少股利(但没有完全取消股利),只是为了在经济景气的年份里提高股利。

西联汇款1971—1985年的部分统计数据

年份	每股收益（美元）	每股股利（美元）	普通股股利支付率（%）	长期负债（%）	普通股数量（百万股）
1971	1.12	1.40	125	无列示*	10.2
1972	2.63	1.40	53	无列示*	12.8
1973	0.53	1.40	264	无列示*	13.7
1974	0.25	1.40	560	无列示*	14.0
1975	2.12	1.40	66	无列示*	14.0
1976	2.10	1.40	67	47.7	15.2
1977	2.41	1.40	58	43.8	15.2
1978	2.35	1.40	60	46.5	15.2
1979	（0.34）	1.40	—	46.5	15.7
1980	1.80	1.40	78	45.6	15.7
1981	3.06	1.40	46	44.5	17.0
1982	3.34	1.40	42	40.0	23.9
1983	1.79	1.40	78	46.5	24.1
1984	（3.24）	1.05	—	51.3	24.4
1985	（2.50）	—	—	48.5	24.4

*无列示：在《价值线》1986年2月21日的调查中没有列示。

数据来源：1986年2月21日的《价值线投资调查》，版权为价值线所有。

这无疑是一种糟蹋钱的行为。虽然没有人能一直成功地预知未来，但钢铁行业的周期性很强。1973年伯利恒钢铁公司没有必要增加股利，或者，如果管理层觉得有必要增加股利，增幅可以小一些。在经营亏损的年份里怎么还支付股利呢？这根本没有必要。据我计算，如果该公司在1982—1985年的赤字年份里不支付股利，它本可以节省下约1.12亿美元的资金，这足够它在1985年末偿还10%的长期负债。

伯利恒钢铁公司1971—1985年的部分统计数据

年份	每股收益 （美元）	每股股利 （美元）	普通股股利 支付率（%）	长期负债 （百万美元）	普通股数量 （百万股）
1971	3.14	1.20	38	无列示*	44.5
1972	3.02	1.20	40	无列示*	44.5
1973	4.72	1.65	35	无列示*	43.5
1974	7.85	2.30	29	无列示*	43.7
1975	5.54	2.75	50	无列示*	43.7
1976	3.85	2.00	52	1023	43.7
1977	（10.27）	1.50	—	1155	43.7
1978	5.15	1.00	19	1000	43.7
1979	6.31	1.50	24	1008	43.7
1980	2.77	1.60	58	1010	43.7
1981	4.83	1.60	33	972	43.7
1982	（9.60）	1.30	—	1271	43.7
1983	（7.31）	0.60	—	1134	46.3
1984	（3.32）	0.60	—	1265	46.5
1985	（2.45）	0.30	—	1232	52.0

*无列示：在《价值线》1986年2月21日的调查中没有列示。

数据来源：1986年2月21日的《价值线投资调查》，版权为价值线所有。

我相信你现在已经明白我要表达的意思了，再举例子可能会有画蛇添足之嫌了，但是，在就投资者应该如何解读企业的股利政策提出建议之前，我想再举3家公司的例子，即雅芳、特利丹（Teledyne）和利顿（Liton），它们的例子都展现了特殊的波折，说明了重要的观点。

近年来，雅芳实施了几乎令人难以置信的股利政策。以1980—1985年为例，管理层将平均91%的收益用于支付股利。事实上，除非你更了解情况，否则你可能得出这样的结论：高层几乎没有为促进业务增长留下任何资金。雅芳是采用上门推销化妆品模式的领头羊，近年来，由于女性就业率快速增长，雅芳的销售模式遭到了挑战。考虑到这样的背景，雅芳的问题就变得更加复杂了。许多潜在的雅芳女士（Avon Ladies）现在从事了报酬更高的全职工作，而该公司的主要客户——家庭主妇的数量不断减少。雅芳在这段艰难的时期里支付股利的资金本可被更好地用于向更有前途的业务领域进行多元化投资。但可惜的是，管理层继续支付了异常高的股利，而且剥离了该公司的核心控股公司之一——医疗保健和特种化学品公司万灵科（Mallinckrodt）。

我们先来看看该公司的基本统计数据。

雅芳1976—1985年的部分统计数据

年份	每股收益（美元）	每股股利（美元）	普通股股利支付率（%）	长期负债（百万美元）	普通股数量（百万股）
1976	2.90	1.80	62	6.7	58.1
1977	3.30	2.20	67	5.0	58.1
1978	3.92	2.55	65	3.0	58.2
1979	4.17	2.75	66	4.1	60.2
1980	4.01	2.95	74	2.6	60.2
1981	3.66	3.00	82	4.8	60.2
1982	2.75	2.50	91	297.3	74.4
1983	2.21	2.00	93	318.4	74.5
1984	2.16	2.00	93	440.5	85.4
1985	2.05*	2.00	98	617.8	79.1

*不包括出售万灵科的收入，该公司一直在雅芳旗下持续经营到1985年年末。

数据来源：1986年1月24日的《价值线投资调查》，版权为价值线所有。

由于雅芳把大部分收益支付了股利，它无法积累足够的留存收益来支持长期负债的增加。从上表中可以看出，从1981年年末到1985年年末，雅芳的长期负债从大约500万美元增加到了6.18亿美元。

随着雅芳问题的增加，其普通股的价格不断下跌，有传言称，该公司很快会成为恶意收购的对象。如何避免被恶意收购呢？管理层决定维持股利，他们希望以此把这只曾经引人注目的成长股转变为给股东带来股利的股票，以较高的股利维持其价格。

为了提高每股收益并防止潜在的收购"艺术家"采取行动，雅芳还制订了一项股票回购计划。1985年10月，雅芳透露其已与美林签署了一项协议。根据该协议，美林将购买多达1000万的雅芳普通股，雅芳有权在1986年2月前回购这些股票。雅芳签署此协议的目的是使其回购股票的支出与预期的未来资金流入相匹配。这笔钱是怎么来的呢？是通过出售万灵科获得的。雅芳透露，董事会已授权管理层回购2000万股普通股，约占其发行在外的股票总量的25%。

到了1986年1月底，雅芳通知股东，它以6.75亿美元的价格出售了万灵科，且将按照计划用这笔钱回购1000万股普通股以收购米迪普莱克斯集团公司（Mediplex Group Inc.），并偿还债务。因此，雅芳为了减少发行在外的股票数量剥离了一家占其总营业利润（1983—1985年）23%的实体。在整个过程中，其股利保持不变。这让人想起了无声电影中那幕令人熟悉的追逐场景：火车上的乘务员为了让火车继续前行，将所有能燃烧的物品都扔进了锅炉，最后只剩下了火车头。

1985年10月，当雅芳披露其股票回购计划时，其在纽约证券交易所的股价约为24美元。我认为开发两个假设模型会很有趣。其中一个模型假设该公司以出售万灵科得到的6.75亿美元回购了2000万股股票，而且假设该公司完全取消了每股2.00美元的年度股利，用节省下来的资金在未来5年中以每股30~35美元的价格回购普通股。

模型Ⅰ：利用出售万灵科的收入回购2000万股普通股后，取消股利并用节省下来的资金在1986—1990年回购普通股对每股收益的影响。

年份	1985	1986	1987	1988	1989	1990
净利润（百万美元）		135[a]	135	135	135	135
年初普通股数量（百万股）	60[b]	60	56	52.3	49.1	46.3
减去回购的普通股数量（百万股）		4[c]	3.7[d]	3.2[e]	2.8[f]	2.6[g]
年末普通股数量（百万股）		56	52.3	49.1	46.3	43.7
每股收益（美元）		2.41	2.58	2.75	2.92	3.09

[a] 假设的收益水平——不包括出售万灵科所获收入。
[b] 假设已包括用出售万灵科的收入回购的普通股数量。
[c] 节省的股利（6000万股×2美元=1.2亿美元）÷30美元/股=400万股。
[d] 节省的股利（5600万股×2美元=1.12亿美元）÷30美元/股=370万股。
[e] 节省的股利（5230万股×2美元=1.046亿美元）÷32.5美元/股=320万股。
[f] 节省的股利（4910万股×2美元=9820万美元）÷35美元/股=280万股。
[g] 节省的股利（4630万股×2美元=9260万美元）÷35美元/股=260万股。

　　该模型假设雅芳1986—1990年的净利润一直保持在每年1.35亿美元的水平，并指出了该公司每年利用以前的收益回购股票可以获得的普通股数量。运用这一模型计算的结果是，即使雅芳在此期间的净利润根本没有增加，其每股收益也会从1986年的2.41美元增加到1990年的3.09美元。换言之，虽然用这笔钱回购股票而不是扩大业务并增加收益的好处值得怀疑，但对一家公司来说，回购股票而不是支付巨额股利的做法确实是明智的。更高的每股收益转化为了更高的普通股价格，股东将从市场机制中获得资本利得带来的回报，而不是通过公司收益的形式获得回报。

　　然而，应注意的是，根据1986年拟议的税收改革法案，股利和资本利得之间的大部分纳税差异（如果不是全部的话）将消失。

　　接下来运用模型Ⅱ进行推演。该模型假设雅芳没有出售万灵科，但完全取消了普通股的股利，而且在1986—1990年以30~35美元的价格回购了股票。

　　模型Ⅱ：雅芳没有出售万灵科，取消了股利，并用节省下来的资金在1986—1990年回购了股票。

年份	1986	1987	1988	1989	1990
净利润（百万美元）	180[a]	180	180	180	180
年初普通股数量（百万股）	80[b]	74.70	69.72	65.43	61.69
减去回购的普通股数量（百万股）	5.3[c]	3.98[d]	4.29[e]	3.74[f]	3.53[g]
年末普通股数量（百万股）	74.7	69.72	65.43	61.69	58.16
每股收益（美元）	2.41	2.58	2.75	2.92	3.09

[a] 假设的收益水平——没有出售万灵科。
[b] 假设的股票数量（79.9四舍五入后得到80）。
[c] 节省的股利（8000万股×2美元=1.6亿美元）÷30美元/股=530万股。
[d] 节省的股利（7470万股×2美元=1.494亿美元）÷30美元/股=498万股。
[e] 节省的股利（6972万股×2美元=1.394亿美元）÷32.5美元/股=429万股。
[f] 节省的股利（6543万股×2美元=1.309亿美元）÷35美元/股=374万股。
[g] 节省的股利（6169万股×2美元=1.234亿美元）÷35美元/股=353万股。

在模型Ⅱ中，1986—1990年每年的净利润为1.8亿美元，模型Ⅰ中的为1.35亿美元，二者间的差额是模型Ⅱ中雅芳没有出售万灵科导致的（假设万灵科的净利润为4500万美元）。

请注意用取消股利节省下来的资金回购普通股时产生的影响。在这一模型中，我们发现，在1986—1990年，雅芳的每股收益从2.41美元上升到了3.09美元。因此，即使雅芳没有出售万灵科公司这个核心的业务部门，它也可以获得与模型Ⅰ几乎相同的每股收益！

亨利·E. 辛格尔顿（Henry E. Singleton）博士是美国一位富有想象力的商人，他执掌的特利丹因股利及股票回购政策和经营而备受关注。辛格尔顿曾说过，只要他还在特利丹掌舵，该公司就不会发放股利，他已经把这一理念传递给了下一代管理者。若按本杰明·格雷厄姆的观点来看，即股票价格应反映预期的未来股利，特利丹公司的股价应该为零。然而，该公司的股价在纽约证券交易所常常是最高的。该公司股价高的原因在于辛格尔顿制定的股票回购政策，利用现金流回购股票后，该公司发行在外的股票数量大幅减少了。辛格尔顿于1972年启动了这项政策，当时他回购了2200万股普通股，使发行在外的股票数量从8200万股减少到了6000万股。

到了1984年末，由于完成了多次回购，特利丹发行在外的股票数量降到了1170万股。在此期间，该公司的每股收益从0.64美元提高到了46.66美元。其普通股的价格从1972年的6美元飙升至1985年的338美元。股东得到回报了吗？当然，他们获得了来自市场的资本利得回报。对任何公司的管理层来说，这都是获得股东感激的成本最低的方式。更重要的是，个人股东出售股票后才需要对收益按长期资本利得率缴税。再次强调，读者们应该注意到，新的税法实施后，劳动收入、非劳动收入和资本利得间的全部或大部分税负待遇差异将全部或大部分消失。

特利丹这个教科书式的例子展示了当坚定的管理层致力于公司的长期发展，通过大量减少发行在外的普通股数量而不是靠支付丰厚的股利在市场上创造附加值时，可以带来哪些美好结果。

最后，利顿也给我们提供了一个非常好的案例。该公司一开始不支付股利，后来开始支付现金股利，最后又取消了股利政策，转而实施股票回购计划。

在1979年之前，该公司只支付少量的股利。1979年，现金股利政策出台。起初派发的股利很低（1979年的为0.23美元），但金额稳步上升，到了1984年，该公司的每股股利达到了1.90美元。截至1985年7月，该公司发行在外的股票数量约为4200万股，它决定大幅缩减股票数量。在截至1985年7月31日的财年第四财季里，该公司为回购1500万股普通股发行了总额为13亿美元的次级债券。将发行在外的股票数量减少到2700万股左右是该公司迈出的第一步。

我们来看看缩减股票数量涉及的一些数学计算问题。1986年春，利顿为交易产生的13亿美元债务每年支付的利息费用约为1.4亿美元。按税后金额计算，利顿每年为此支付的净成本约为7700万美元。在交易发生时，该公司派发的年度股利为每股2美元，相当于每年大约8400万美元的现金支出。然而，当利顿完成通过发行债券换取股权的交易后，它就不再支付普通股现金股利了，这样每年可节省下8400万美元的股利（4200万股原始股乘以每股2美元），金额超过了7700万美元的净利息成本。

到目前为止，一些观察家可能想知道利顿取消股利后股东的反应。那些指望靠股利支付费用的股东肯定对这一变化感到失望，他们最好的应对之法是出售自己手里的股份，转而买入能够带来稳定利息流的债券或稳定股利流的股票。另一种选择是出售部分股票变现。但由于上述举措的实施，利顿的每股收益比以前增加了（这是其普通股的价格上涨的原因之一），到了1986年3月，其普通股的价格从65美元上涨到了80多美元。诚然，这段时期是牛市，但利顿普通股的表现是优于道琼斯指数和标准普尔指数的。此外，该公司的财务状况和之前很长一段时间的相比得到了改善。到那时，该公司已经积累了16亿美元的现金储备，这相当于每股60美元。因此，在大量举债回购了35%的普通股后，该公司还有资产支撑其进一步减少发行在外的股票数量。事实上，1985年10月，董事会宣布公司将择机再回购250万股股票。

此举对利顿每股收益的影响是巨大的。在截至1986年1月21日的6个月内，利顿的净利润为9070万美元，而上一年的净利润为1.42亿美元，净利润下降了36%。但由于股票数量从4250万股降为了2780万股，每股收益仅下降了3%。

我认为股利本身并不一定有害处，它们无疑能够发挥奖励股东的作用。但管理层应该认识到，他们的首要目标是促进企业的发展，在企业资金短缺时派发股利是愚蠢之举。当资金可被用来回购股票时，提高股利也是愚蠢之举。

投资者起码要关注股利政策，而且要考虑到，大多数行业里的企业在收益不稳定时定期提高股利可能是一个警示信号。在收益下降和/或资本需求上升时，管理层拒绝降低股利也是如此。股利高、债务不断增加的公司可能会借钱给股东派发股利，这是管理层经常采用的一种做法，因为他们害怕被企业掠夺者赶下台。诚然，由于华尔街预计未来可能出现对这类公司的恶意收购，它们的股票可能会很诱人。但大多数投资者寻求的是公司业绩和每股收益的提高，对他们来说，低股利可能意味着高利润。

了解会计变更的
重要性

资深的会计学教授会津津有味地向新手们讲述一家公司招聘会计师的老故事。当只剩下3位候选人时，董事会对他们进行了面试，要求他们查看账目并计算公司当年的应税所得是多少。第一位候选人回答说："是230万美元"。第二位候选人收集了更多信息后，认为应税所得是240万美元。第三位候选人环顾四周，拉下了百叶窗，然后问董事们："你们想展示的是多少？"自然，第三位候选人得到了这份工作。

这个笑话说明了一件会计师非常了解但包括投资者在内的公众几乎完全不知道的事情：根据采用的方法，一家公司可报告的收益范围非常大。这看起来不合理或不公平，但确实存在，取决于公司确定资产和负债、支出和收益的方式。

例如，公认会计原则允许公司采用平均年限法在20年内减值一家工厂。假设工厂房屋建筑物的初始价值为2000万美元，你认为它15年后只值500万美元吗？公司正是这么记账的，但考虑到房地产市场的性质，这些房屋建筑物可能会卖到3000万美元或更多。然而，该公司每年都会计提100万美元的工厂折旧，事实上该公司每年计入100万美元的增值或许更接近现实。

或者想想构成资产的项目。公司的声誉和专利有意义吗？当然有，但许多公司的商誉被记为零而且低报专利的价值。许多年前获得的未开发、账簿上登记为每英亩几美元的土地的价值是多少呢？高达数百万美元。

优秀的会计师可根据公司需要制作会计账簿。国际电话电报公司令人敬畏的CEO哈罗德·杰宁是多年会计师出身，也是业内最富想象力的人之一，他就经常被外界指责这样做。杰宁没有做违法犯罪的事情，甚至一点儿都没有违反职业道德。他只是运用了会计师所说的"公认会计原则"（Generally Accepted Accountig Principles，GAPP）而已，这些原则涉及面很广，从自由派到保守派的原则都包含在内。事实上，公认会计原则定得过于宽松了，以至于几年前会计师亚伯拉罕·布瑞洛夫出于厌恶，建议把这一原则改为"通常报告的会计原则"（Commonly Reported Accounting Principles）或"胡扯"（CRAP）。

许多年前，安达信公司发布了一张题为"会计魔法"的图表，生动地说明了两家完全相同的公司采用不同的会计操作方法产生的巨大差异。一家公司采用了比较自由的会计操作方法（即研发成本、养老金和资本收益等方面），另一家采用了比较保守的会计操作方法。一些示例已经过时，但基本的思想仍然适用。本书后面附有这张图表和安达信公司给出的解释。

会计魔法——不同的会计原则产生不同的结果

下面的图表是为了向读者展示运用不同的公认会计原则将如何影响公司报告的收益。第1列显示了假设的A公司的利润结果，该公司现实地面对其经济状况，因此在收益表中报告了实情。第2列至第7列显示了采用不同的公认会计原则的影响。第8列显示的是B公司的收益，B公司除了采用这些不同的会计方法外，经营活动没有变化，但B公司报告的净利润是A公司的两倍多。

就因为会计操作方法的不同，这两家公司的股价完全有可能相差100%。

你可以自行判断，如果你是一名股东，你希望自己持股的公司是采用A公司的会计操作方法还是B公司的？答案不言自明，你肯定会选择那个股票出售后会给你带来两倍现金价值的方法。

会计魔法

所有做法均"符合公认会计原则"

	A公司 第1列	B公司较高的利润源于						B公司 第8列
		采用先进先出法计价存货 第2列	采用平均年限法 第3列	5年内摊销研发成本 第4列	仅按现值计提养老金 第5列	以股票期权作为激励 第6列	收益中包含了资本收益 第7列	
销售量（件）	100,000							100,000
单价（美元/件）	100							100
销售额（美元）	1,000,000							1,000,000
成本和费用								
销售成本（美元）	6,000,000							6,000,000
销售费用、一般费用和管理费用（美元）	1,500,000							1,500,000
按后进先出法计算的存货准备（美元）	400,000	（400,000）						—
折旧（美元）	400,000		（100,000）					300,000
研发成本（美元）	100,000			（80,000）				20,000
养老金成本（美元）	200,000				（150,000）			50,000
管理人员薪酬								
基本工资（美元）	200,000							200,000
奖金（美元）	200,000					（200,000）		
总成本和费用（美元）	9,000,000	（400,000）	（100,000）	（80,000）	（150,000）	（200,000）	—	8,070,000
税前利润（美元）	1,000,000	400,000	100,000	80,000	150,000	200,000	—	1,930,000
所得税（美元）	520,000	208,000	52,000	42,000	78,000	104,000	—	1,004,000
	480,000	192,000	48,000	38,000	72,000	96,000	—	926,000

续表

	A公司 第1列	B公司较高的利润源于						B公司 第8列
		采用先进先出法计价存货 第2列	采用平均年限法 第3列	5年内摊销研发成本 第4列	仅按现值计提养老金 第5列	以股票期权作为激励 第6列	收益中包含了资本收益 第7列	
处置资产的收益（扣除所得税）	—	—	—	—	—	—	150,000	150,000
报告的净利润（美元）	480,000	192,000	48,000	38,000	72,000	96,000	150,000	1,076,000
80万股的每股收益（美元）	0.80	0.32	0.08	0.06	0.12	0.16	0.25	1.79
市场价值								
10倍市盈率的股价（美元）	8.00	3.20	0.80	0.63	1.20	1.60	2.50	17.93
12倍市盈率的股价（美元）	9.60	3.84	0.96	0.76	1.44	1.92	3.00	21.52
15倍市盈率的股价（美元）	12.00	4.80	1.20	0.95	1.80	2.40	3.75	26.90

第2列至第7列的解释

列数	A公司	B公司
2	采用后进先出法计价存货。	采用先进先出法计价存货。
3	出于记账或报税的目的采用加速折旧法。	采用平均年限法。
4	将研发成本计为费用支出。	将研发成本资本化，五年内摊销。（若研发成本保持在同一水平，五年后将消失，其中A公司与B公司的差异将消失。表中80,000美元的差额出现在第一年，其中A公司的费用支出为100,000美元，B公司将100,000美元资本化，但第一年摊销了五分之一，即20,000美元。）
5	按当期养老金成本计提资金——即当期养老金加过去摊销的养老金。	仅按现值计提养老金。（由于前几年的资金过剩和/或基金收益增加或减少投资的市场价值增加，管理层决定减少或省去当期的计提，这可能导致养老金计提金额出现的差异，美国钢铁公司1958年就出现了这种情况。）
6	给予管理者现金奖金。	以股票期权的形式给予管理者奖金。
7	将资本收益（扣除税项）直接计入盈余（或将其视为净利润下的特殊项目）。	将此类收益（扣除所得税）计入收益。

第1列显示的是A公司的数据，该公司采用了非常保守的会计操作方法。第8列显示的是B公司的数据，该公司在公认会计原则框架下利用了一切可能的方法显示更高的收益。正如你所看到的，区别就在于A公司的每股收益是0.80美元，而B公司的是1.79美元。

A公司采用了后进先出法处理存货，而B公司采用的是先进先出法。在价格上涨时期，这意味着A公司几年前以每件1美元的价格购入的存货现在值2美元一件了，那么在发运和出售存货时，扣除的存货价值就是2美元一件，而B公司每件存货仅扣除了1美元，即它的成本价。因此，采用不同的方法时，A公司的存货成本是B公司的两倍，A公司的成本和费用也由此增加了。在安达信公司的模型中，B公司由此增加了40万美元的利润，即每股0.32美元。

第3列显示，A公司采用了加速折旧法快速地减值资产，而B公司则采用了较慢的折旧法，从而降低了折旧期间每一年的经营成本。二者的差额为10万美元，即每股0.08美元。

A公司将研发支出记为费用化支出，而B公司在五年内摊销研发费用，这又使B公司增加了8万美元的利润，即每股0.06美元。

养老金呢？A公司将该项目计入当期费用，而B公司仅计入养老金的现值，如第5列所示，这又使B公司增加了150,000美元的利润，即每股0.12美元。

两家公司都采用了激励机制，但A公司支付了现金（20万美元），B公司则使用了股票期权，在本年度不需要计入任何成本，这又为其节省下了20万美元，即每股0.16美元。

这两家公司都获得了资本收益，可能是通过处置资产获得的。A公司把它视为营业外收入，作为特殊项目进行核算。B公司则不然，这样该公司的利润又增加了15万美元，即每股0.25美元。（请注意，由于会计规则后来发生了变化，"特殊项目"这一术语已不再使用了。）

请注意，A公司的税前利润为100万美元，所得税为52万美元，B公司的税前利润为193万美元，所得税为100.4万美元，所以A公司的净利润为48万美元，B公司的净利润为107.6万美元。

华尔街很少有人会考虑到这些不同的会计方法，分析师和投资者只知道，今年A公司的每股收益为0.80美元，B公司的为1.79美元。如果两家公司的股票均以15倍的市盈率出售，那么A公司普通股的价格为12美元，B公司的为26.90美元。

现在问问自己，你更愿意持有哪只股票呢？由于B公司的股价要高得多，答案显而易见。

一切似乎都很明显，然而，学者和其他人对采用不同的会计原则及其影响有不同的看法。基于有效市场假说（EMH），出现了一个广泛传播的学派思想，即股票价格是由经济现实而非会计操作差异决定的。该学派思想指出，当两家公司在各方面都相同时，即使它们采用了不同的会计方法，它们的股价也会相同，唯一需要注意的是会计方法不影响现金流。罗切斯特大学管理研究生院（University of Rochester's Graduate School of Management）的乔治·本斯顿（George Benston）教授声称，他的研究表明，一般来说，因采用了新会计方法而导致的收益变化与股价的变化无关，除非采用的新方法导致纳税额降低。简言之，市场似乎能够看穿会计把戏。另一位受人尊敬的研究人员——西北大学家乐氏管理研究生院（Kellogg Graduate School of Management at Northwestern University）的阿尔弗雷德·拉帕波特（Alfred Rappaport）教授声称，市场不会被会计方法的变更所愚弄，例如，从加速折旧法转变为平均年限法能提高公司报告的每股收益，但不会影响现金流。这是学术界存在激烈争论的一个问题，华尔街的人都饶有兴趣地关注着这些争论。

一些人认为，大多数个人投资者只是简单地忽视了这些问题，而专业人士——管理大规模资金池的个人——则相当熟悉它们。由于专业人士在日益机构化的市场中占据主导地位，学术界的说法似乎很有道理。但我对此持怀疑态度，因为我经常看到相反的事实出现。公司的管理者也是如此。他们知道，从保守的会计方法转向自由的会计方法是有好处的，因为有助于提高股票收益的会计变更能产生永久性的提振效应，有助于提高公司的股价。

这一观点得到了亚瑟·R. 怀亚特（Arthur R. Wyatt）的认同，他是安达信公司的前合伙人，现为财务会计准则委员会成员。他提出了这样一个问题："如果有效市场假说成立，为什么以盈利为目的的商人仅仅或主要是为了使公司的财务报表更好看而从事（与其他交易相比）利润不高的交易？"怀亚特接着说，"尽管迄今为止相关的研究似乎为有效市场假说提供了大量支持，但同样明显的是，真实的会计界忽视或质疑该假说及相关研究的可靠性"。

会计界也存在格雷欣法则（Gresham's law），即糟糕的做法往往驱逐了良好的做法。这是因为，采用保守会计方法的公司知道，当所有条件相同时，采用自由会计方法的竞争对手会报告更高的收益，因此其股价也会更高。

我的意思不是说公司可以通过采用自由的会计方法无代价地降低股票收益的质量。当一家公司的股票市盈率相当高时，降低收益质量确实有可能降低其市盈率。但是，一家采用保守的会计方法且市盈率相当或低于市场的公司知道，采用自由的会计方法可以提高收益，进而提高股价。可以理解，这么做的诱惑是不可抗拒的。想象一下，这家公司的CEO坐在办公桌前，看着令人失望的业绩数据，他心里知道，在公认会计原则的框架下，通过几次完全合法的会计变更，公司的股票收益就可以提高，有时甚至会大幅提高。身处他的位置，有多少人会不这么做呢？

1983年10月，我公布的一项调查结果显示，在纽约证券交易所上市的704家公司中，只有16%的公司在股东报告中完全或部分采用了加速折旧法。只有7%的公司在股东报告中保守地递延和摊销了投资税收抵免，其他公司采用的是更为自由的直接冲销法。

管理层做出会计变更一是为了提升公司业绩形象，二是为了获得个人回报。超过90%的美国公司高管持有股票期权，因此公司股票价格上涨对他们极为有利。此外，他们中许多人的奖金与每股收益水平挂钩。对他们来说，公司的股价不仅仅是他们个人管理能力的体现，还可能意味着数十万美元甚至数百万美元的收入差。当然，更高的股价还可能阻止潜在的企业掠夺者，现在我们举例说明这一点是如何实现的。

盖尔科公司（Gelco Corp.）是一家提供车队管理服务的公司，主要业务是卡车租赁。1979年12月31日，该公司斥资2.5亿美元收购了集装箱租赁公司CTI国际（CTI International）。事实证明，盖尔科公司为CTI国际支付了非常高的收购价格，因为后者的净利润于1979年达到了2660万美元的峰值。1980年9月10日，CTI国际宣布发行5000万美元利率为15%的债券，它在债券募集说明书中写道：

自1978年以来，集装箱租赁行业竞争激烈，尽管通货膨胀导致大多数租赁所需的服务成本增加，但CTI并未大幅提高整体的租赁费用。

我在1981年12月15日发布的《收益质量报告》中指出，应祝贺信实集团（Reliance Group）的董事长索尔·斯坦伯格以2.5亿美元的价格把CTI国际卖给了盖尔科公司。从本质上说，斯坦伯格卖掉了一项资本密集型业务，经营该业务需要大量借款，这些借款与最优惠利率和/或伦敦银行同业拆借利率（欧洲美元）挂钩。然而，CTI国际自1978年以来的收入未能反映出因通货膨胀导致的服务成本增加而带来的充足的利率减免。

自1980年1月1日起，盖尔科公司延长了CTI国际制造的集装箱设备的折旧期，将它们的使用寿命从10年改为了12.5—15年，将残值从10%提高到了15%。由于CTI国际是盖尔科公司的子公司，面向股东的报表是合并编制的，盖尔科公司的每股收益因此得以大幅提高。

表11.1中的数据源于盖尔科公司和CTI国际向美国证券交易委员会提交的文件，通过该表我们能看出采用自由的会计方法对盖尔科公司每股收益的影响。1980年的数据因无法获得而缺失，1983年的数据因盖尔科公司当年报告的是0.87美元的亏损而被省略。

表11.1 盖尔科公司——CTI国际

	截止日 12月31日	截止日 7月31日			
	1979年	1981年	1982年	1984年	1985年
集装箱租赁设备（百万美元）	348.1	492.8	548.6	482.4	433.6
租赁设备折旧（百万美元）	34.4	29.7	34.7	37.9	36.5
租赁设备折旧占集装箱租赁设备的比例	9.88%	6.03%	6.33%	7.86%	8.41%
公司1979年9.88%的折旧率和报告的折旧率的差额		3.85%	3.55%	2.02%	1.47%
盖尔科公司的税率		15.7%	19.4%	26.9%	40.7%
股票数量（百万股）		10.2	11.8	13.8	13.7
每股收益（美元）		4.67	2.51	0.82	1.63

现在，为了确认会计方法的变更对报告收益的确切影响，我们做出如下的统计概述。

首先请注意CTI国际1979年9.88%的折旧率与1981年报告的6.03%的折旧率之间的差额是3.85%。将3.85%的折旧率差额与报告的492,800,000美元的集装箱租赁设备金额相乘可得18,973,000美元（见表11.2的第一行）。接下来用18,973,000美元乘以15.7%的盖尔科公司税率，得到2,979,000美元的税收影响。从18,973,000美元中减去2,979,000可得15,994,000美元，这一数额体现的是会计变更的影响。用它除以发行在外的股票数量1020万股，得到每股1.57美元，相当于盖尔科公司报告的收益的34%。如果没有这些变更，盖尔科公司报告的收益将是3.10美元而非4.67美元。用同样的方法计算其他几年的数据，所得结果如表11.2所示。

对比调整后的每股收益与公司报告的数据，你将看到一个惊人的例子——体现了会计变更如何影响每股收益这一重要的统计数据。

表11.2 盖尔科公司1981年、1982年、1984年和1985年的会计变更导致的收益调整
（单位：千美元）

1981年	1982年	1984年	1985年
18,973	19,475	9744	6374
×15.7%	×19.4%	×26.9%	×40.7%
2979	3778	2621	2594
18,973	19,475	9744	6374
−2979	−3778	−2621	−2594
15,994	15,697	7123	3780
10.2（千万股）	11.8（千万股）	13.8（千万股）	13.7（千万股）
1.57（美元）	1.33（美元）	0.52（美元）	0.28（美元）
34%	53%	63%	17%
调整后每股收益（美元）			
3.10	1.18	0.30	1.35

对计算过程的解释参见上文。

毫无疑问，盖尔科公司在错误的时间收购了错误的公司，如果没有CTI国际，它的境况会好很多。有效市场假说的拥护者应该考虑的是，假如该公司没有采用自由的会计方法，其收益会是什么样的。表11.2表明，1981年、1982年、1984年和1985年该公司采用自由的会计方法产生的收益分别占其报告的股票收益的34%、53%、63%和17%。

大家都知道，联合碳化物公司因1984年11月印度博帕尔的爆炸事件陷入了困境。其股价暴跌，甚至出现了该公司即将破产的传闻。1985年末，盖福（GAF）试图收购它。联合碳化物公司的管理层努力防止被收购以保持公司的独立性，最终，在1986年，盖福只收购了联合碳化物公司部分最具吸引力的业务。在这样令人困惑和不确定的情况下，联合碳化物公司的普通股价格极不稳定是正常现象。

该公司在1976年公布的每股收益为7.15美元，当时其股价创下了76.75美元的历史新高。这两项数据随后开始下跌——1977年公布的每股收益下跌至6.05美

元，1978年的为6.09美元，股价也下跌至33.625美元。1979年，每股收益增至8.47
美元，但其股仅仅回升至44.5美元。管理层认为，提振股价需要下一剂猛药，于
是决定在1980年通过会计变更提高收益。

该公司从延长机器和设备的预期使用寿命入手，在会计核算中，它不再使用
美国联邦税务局的"指导寿命"了。同时，管理层采用直接冲销法替代递延法核
算投资税收抵免。在宣布这些变更时，管理层表示，这些都是相当无害的变更，
公司这么做纯粹是为了与大多数竞争对手的做法保持一致。

表11.3详细地展示了这些变更对该公司报告的股票收益的影响。

这些变更不仅影响了该公司1980年的股票收益，也影响了随后几年的股票收
益。请注意，会计变更使该公司1980年的收益增加了1.63美元，也使该公司随后
几年的每股收益增加了不少。

那么，会计变更又是如何影响该公司的股价的呢？如表11.4所示，1977—
1979年，该公司普通股的市盈率比竞争对手的都低。1980年的收益增加导致其
市盈率进一步下降，这吸引了逢低买入的投资者。1981年该公司公布的每股收益
为9.56美元，但我们可以看到，其中的1.40美元源于会计变更。不管怎样，华尔
街的反应是把该公司普通股的价格提升到了62.125美元的高位。1983年该公司报
告的每股收益为3.02美元，其中的1.40美元源自会计变更，该公司的股价上涨至
73.875美元的高点，仅略低于其历史峰值。

总之，除了1978年孟山都公司（Monsanto Chemical）的市盈率最低之外，在
1977—1981年的其他年份里，联合碳化物公司都是化学制品行业内市盈率最低的
企业。然而，到了1984年，该公司的市盈率已经上升到或超过了除陶氏化学公司
（Dow Chemical）以外的其他所有公司的水平。尽管该公司的股价在1984年末因博
帕尔爆炸事件而暴跌了，但其市盈率仍然处在高位。

由此可见精明的会计师能够产生的影响！请注意，所有这些做法都是合法合规的。

如果我们相信那些信奉有效市场假说的人，我们可能会认为联合碳化物公司
的市盈率将下降而不是上升。但在现实世界中，会计变更导致该公司的股价提高

表11.3 会计变更对联合碳化物公司收益的影响

年份	1977	1978	1979	1980*	1981	1982	1983	1984
折旧费用（百万美元）	359	417	470	326	386	426	477	507
固定资产折旧率	5.0%	5.35%	5.60%	3.55%	3.92%	4.10%	4.43%	4.64%
投资税收抵免（百万美元）	15.4	19.6	26	53	61	58	20	43
税率	30%	32.5%	30.2%	33.3%	27.0%	14.4%	—	36.0%
报告的每股收益（美元）			8.47	10.08	9.56	4.47	3.02	5.16
股利（美元）			2.90	3.10	3.30	3.40	3.40	3.40
折旧会计变更额（美元）				1.37	1.11[1]	1.00[1]	1.40[1]	1.27[1]
投资税收抵免会计变更额				0.26	0.29[1]	0.26[1]	—	0.15[1]
总会计变更额				1.63	1.40[1]	1.26[1]	1.40[1]	1.42[1]
报告的每股收益			8.47	10.08	9.56	4.47	3.02	5.16
不考虑折旧和投资税收抵免会计变更的每股收益				8.45	8.16[1]	3.2[1]	1.62[1]	3.74[1]
会计变更导致的收益占报告的每股收益的比例				16%	15%[1]	28%[1]	46%[1]	28%[1]

*折旧和投资税收抵免会计变更年份。
[1]《收益质量报告》中计算的估计值。

表11.4 化学制品行业年平均市盈率

公司名称		1977	1978	1979	1980*	1981	1982	1983	1984
陶氏化学公司	每股收益（美元）	3.01	3.16	4.33	4.42	3.00	1.14	1.50	2.50
	市盈率年均值	11.1	8.2	6.5	7.6	10.3	20.5	21.6	11.8
杜邦公司（DuPont）	每股收益（美元）	3.69	5.39	6.42	4.83	5.81	3.89	4.47	5.89
	市盈率年均值	10.9	7.3	6.7	8.5	7.6	9.0	10.6	8.1
赫克力士公司（Hercules）	每股收益（美元）	1.36	2.36	3.89	2.60	3.09	1.97	2.76	3.61
	市盈率年均值	14.5	6.6	5.0	7.7	7.3	10.7	13.0	9.0
孟山都公司	每股收益（美元）	3.73	4.15	4.56	2.05	5.75	4.24	4.72	5.42
	市盈率年均值	9.2	6.2	5.8	13.2	6.2	8.3	10.1	8.4
罗门哈斯公司（Rohm & Haas）	每股收益（美元）	1.69	2.15	3.70	3.63	3.61	2.92	5.33	6.73
	市盈率年均值	11.6	7.8	5.5	6.0	8.4	10.0	11.3	8.8
联合碳化物公司	每股收益（美元）	6.05	6.09	8.47	10.08	9.56	4.47	3.02	5.16
	市盈率年均值	8.3	6.4	4.6	4.4	5.7	10.6	21.3	10.2

*折旧和投资税收抵免会计变更年份。

数据来源：1986年《价值线投资调查》，版权为价值线所有。

了。靠什么拯救低迷的市盈率呢？靠过硬的专业技能和头脑敏锐的会计师。

我在本书中最常举IBM的例子是因为，在过去的半个世纪里，它一直是最受世人尊敬的美国企业，而且是市场的领头羊。最近它的会计操作也出现了一些有趣的变化。IBM曾经是为数不多的在股东报告和纳税申报书中使用相同折旧率的公司之一，它一直采用加速折旧法，这是一种保守的折旧计算方法。

1984年，出于财务报告的目的，IBM对1983年后租用的机器、购置的厂房和其他资产采用了平均年限法，这意味着折旧费用占应折旧资产的比率大幅下降，从而导致收益上升。部分由于这一自由化会计政策的实施，该公司1984年的折旧费用从前一年的33.62亿美元降至29.80亿美元。1984年和1983年的折旧费用分别占当年租用的机器、厂房和其他资产的10.15%和11.52%，折旧率的降低导致税后每股收益增加了0.37美元。

如前所述，这些会计变更将在未来几年内继续对收益产生有利的影响。1985年，IBM的折旧费用再次下降，这一次是从1984年的29.87亿美元降至了28.94亿美元。折旧费用分别占1985年和1984年应折旧资产的8.39%和10.15%。折旧率的降低使税后每股收益增加了0.55美元。

不仅如此，1984年，IBM通过提高设定的退休计划资产精算回报率降低了退休金费用支出。这并没有什么不寻常的，许多公司为了使退休计划能更准确地反映市场现实都在这么做。1984年之前，IBM设定的资产回报率为5.5%，之后它把1984—1993年的资产回报率提高到了7.5%，这意味着它计提的退休金费用会减少，因为预期的收益率提高了，所需投入的资金就会减少。1983年，IBM退休计划的总费用为11.8亿美元，1984年，这一数字降为10.96亿美元。减少的退休金费用相当于每股0.08美元。

1985年，IBM以同样的方式降低了退休计划的成本，当时它把1985—1995年的计划资产的精算回报率提高到了8%。此外，IBM将先前服务成本的摊销年限从10年延长到了15年。由于精算假设条件的变化，再加上利用退休计划资金获得了不错的收益，IBM的退休计划费用在1985年降为了8.68亿美元，而上一年的为

10.96亿美元。税后减少的退休金费用相当于每股0.21美元。

1984年，IBM报告的每股收益为10.77美元。折旧率的下降和退休计划费用的减少总共使该公司的每股收益增加了0.45美元（0.37美元加0.08美元）。IBM当年的每股收益比1983年的增加了1.73美元。由此可知，在该公司增加的收益中，有26%是由会计变更造成的。

1985年的情形类似，当时IBM公布的每股收益为10.67美元。折旧率的下降和退休计划费用的减少总共使每股收益增加了0.76美元。IBM当年的每股收益比1984年的减少了0.10美元。然而，如果没有这两项变更，IBM的每股收益会减少0.86美元。

我们可以这样想：在大多数人看来，IBM 1984年和1985年的每股收益分别为10.77美元和10.67美元，如果没有会计变更，该公司这两年的每股收益将分别为10.32美元和9.91美元。该公司在1986年初公布1985年的数据时，你认为华尔街会对这样的比较做出何种反应？这会对IBM普通股的价格造成什么影响？

很少有华尔街分析师把这类比较纳入他们的研究报告中。换句话说，他们没有告诉客户，IBM 1985年的每股收益中有7%源于1984年开始的会计变更。那么有效市场假说呢？IBM的股价反映了这一假说吗？

当然，在任何时候影响市盈率的因素都有很多，我不是说会计变更会对股价产生各种神奇的影响，然而，回想一下每次重要分析师提高或降低对IBM收益的预估值时其股价的波动，你就会明白会计变更对股价的影响了。而且在1985年，得益于会计变更带来的每股0.76美元的收益，IBM的平均市盈率达到了12.4，而1984年的则为10.8。

需要说明的是，IBM的市盈率并没有高到离谱，而且该公司在会计操作方面的自由化变更并未对其股票的市盈率产生负面的影响。所以，如果你持有IBM的股票，请默默地为那些位于阿蒙克[①]，想出会计变更这一招的会计师们祈福吧！

---

① IBM总部所在地。

"大洗澡"和重组后焕然一新

管理层经常对公司"大洗澡"和/或重组，并且这些被金融媒体大肆报道。由于无能、错误、糟糕的预测、咄咄逼人和想象力丰富的竞争对手的出现、工厂的老旧和产品的过时，或者仅仅是运气不好，管理层步履蹒跚。销售额和收益都在下降，公司声誉也岌岌可危。或者，管理层可能是被企业掠夺者或内部批评者逼迫下台的。疲惫不堪的领导人尽可能有尊严地、体面地退休，为新人和新想法让路。

在一系列会议之后，恢复了活力或新上任的高管出现在媒体和证券分析师面前，他们严肃地指出，公司的境况比他们想象的糟糕。他们说，只要努力工作、不怕牺牲和甘于奉献，公司就有可能出现转机，但首先要在公司来一场"大扫除"。

经验丰富的商业观察家很清楚公司里将会发生什么——管理层正在为"大洗澡"做准备。

正如人们猜测的那样，"大洗澡"指的是减值眼前所有可疑的资产及一些不那么可疑的资产的做法。边缘业务被低价出售，现有的厂房、设备和存货则被减值到能让外部审计师审核通过的最低水平。

管理层一直在警告说，未来的日子会很艰难，随着重新谈判劳动合同时间的到来，他们的言辞变得越来越激烈。股票市场对此的反应是，公司普通股的价格下跌。而且在公司发布下一季度业绩数据的时刻到来时，股价还会出现震荡。公司公布的收入常常是稳定的，甚至是增加的，但报告中出现了各种各样的特殊项目，并且最终结果都是一样的：公司出现了巨额亏损，但管理层声称最艰难的时期已经过去，好日子近在眼前。

当然会这样。公司的境况可能很糟糕，但绝不像管理层描绘的那么可怕，外界也可能从减值中猜出个一二。管理层已尽可能地展示了最黯淡的景象，他们知道剩下的都是血肉和骨骼了，公司里已经没有任何脂肪了。那些夸大了公司负面情况的会计操作能使管理层在下一次呈现出一幅阳光明媚的画面，从而获得声望。"看看我们继承了个什么样的烂摊子，"他们欢呼道，"看看我们是如何在短短几个月内让公司复兴的！"

我并不是说发生的这一切都是会计变更和操作的结果。公司有可能实施了真正的改革，在许多例子中，管理层，特别是新任管理层，在那种境况下确实以改革重新激发了投资者的兴趣。我会举几个这样的例子，应该补充说明的一点是，为了了解相关情况，我曾经仔细地查阅了报纸和杂志。不过从一开始我就知道这些公司完成了"大洗澡"。

之前讨论过的公认会计原则也助长了"大洗澡"的盛行。公司管理层和会计师们意识到，重组的所有成本都集中在一个财季或一个财年内，而收益会在以后实现，但就这样吧。康奈尔大学（Cornell University）的罗伯特·J. 斯威林加（Robert J. Swieringa）教授曾明确指出过这一点，他写道：

根据公认会计原则，应将与重组有关的预计（当期和未来的）成本从做出重组决定的当年收益中扣除。负债准备金被计提，（在随后几年内发生的）实际的支出将从中扣除。这么做使重组成本与管理层决策相匹配，而不是与重组实际发生的时间或收益实现的时间相匹配。

管理层进行巨额减值的理由是显而易见的：这样做不仅能让他们甩掉过去的

包袱，还能在形势开始好转时，让他们自己的形象看上去更好。在下次的股东大会上他们就会祝贺自己（以及股东）。但投资者通常也会获利。毕竟，许多管理层不愿意放弃他们曾经看好的企业，因为放弃等于承认公司在他们的带领下犯下了可怕的错误。此外，大幅资产减值也不是一种好做法，因为这意味着公司管理上存在明显的缺陷，缺乏有效的内部财务控制。

华尔街的分析师通常倾向于支持通过一系列的资产减值的"大洗澡"，因为这意味着该公司终于对目前的情况"坦白交待"（非双关语）了，而一系列的资产减值可能会侵蚀公司的声誉和市盈率。华尔街的人最讨厌意外了，最喜欢的莫过于揭露真相的光环。分析师们表示，至少公司不会再遭受重大冲击了，因为他们准备根据未来的前景而不是过去的失误来评判公司。

事实上，正是由于这个原因，"大洗澡"已经变得相当普遍了。1985年第四季度，这样的会计操作达到了高潮，《福布斯》财经专栏作家本·韦伯曼（Ben Weberman）把它称为"侏儒怪会计"（Rumpelstilzchen Accounting）。他写道："侏儒怪把稻草纺成了金子。上个季度，几十位著名的商人把过去的罪恶转变成了现在的美德。"

如果说后来有什么不同的话，那就是"大洗澡"的会计行为变得越来越受欢迎。到了1985年第四季度末，有28家大公司各自减值了1亿美元或更多的资产，总额高达95亿美元。在描述这一发展情况时，《商业周刊》评论说，主导性的策略是"忍住伤痛吧。若业绩转好，股东和华尔街的人会觉得你做得很棒。另外，若业绩不好，最糟糕的艰难抉择也已经过去了"。

无论是大公司还是小公司，它们都越来越认可减值的合理性，精明的高管使这样的举措看起来成了公司当前和未来实力的象征，而不是过去错误的象征。例如，当CSX公司（CSX）宣布一项涉及9.54亿美元税前费用的大重组时，其CEO海斯·T.沃特金斯（Hays T. Watkins）说："这些举措将对未来的现金流、收益和回报率产生极为有利的影响。"同样，联合信号公司（Allied-Signal）在1985年第四季度减值了7.25亿美元，董事长小爱德华·L.轩尼诗（Edward L. Hennessy, Jr.）对记者说："大部分的减值都与公司实施的积极精简举措有关，"他接着说，"我们以每年2.5亿美元的速度减少公司管理费用，削减3000个工作岗位，我们还把公司业务重组为3个重要的领域——航空航天/电子、汽车和工程材料，把非核心业务剥离重组为一家新公司。我们为未来做好了充分的准备，1986年我们将把公司打造成专注、高效和盈利的企业集团。"在宣布从收益中扣除12亿美元以支付1985年第四季度大幅增加的保险索赔时，信诺公司（Cigna）CEO罗伯特·D. 基尔帕特里克（Robert D. Kilprick）表示，他们"可能在至少10年的时间里错误地低估了索赔准备金的数额"，但这笔费用将"是清理旧负债的工具"，而且此举"改善了公司1986年及之后年份的盈利前景"。股市把该公司的举措视为实力强劲的表现。在上述信息公布之前和之后不久，信诺的普通股价格下跌了10%，但在几天内就实现了强劲的反弹，一个月后创下了年内新高。

出现这种现象一点也不奇怪。几年前，哥伦比亚大学商学院会计学教授维克托·S. 帕斯泰纳（Victor S. Pastena）发现，虽然在通常情况下，宣布进行减值的公司的股价会在正式宣布减值的前一个月左右下跌，但之后股价往往会上涨。帕斯泰纳总结说，投资者"在减值时过度悲观，但随后会对公司及其未来发展前景做出乐观的判断"。

在上述3个案例涉及的公司中，现任管理层都承认过去的错误，他们声称，他们已经纠正了错误，而且似乎有决心在未来向更好的方向发展。还有一种情况是，在有些公司里，高层管理人员会平稳换届，但新领导人的管理风格与前任的大不相同。一个引人注目的例子是罗尔斯顿·普瑞纳（Ralston Purina）公司，它于1982年开启了重大改革。

事情是这样的。在1981年12月4日发布的致股东的信中，该公司的CEO R. 哈尔·迪恩（R. Hal Dean）宣布，他将于次年1月辞职，由威廉·斯特里茨（William Stiritz）接任CEO一职，后者在不到一年前被提升为了公司总裁。对于这家近年来收入、收益和股价均保持稳定的公司而言，这似乎是一次非常平稳的过渡。这家已经变得墨守成规的企业几乎不可能发生任何变化（至少这是人们普遍的看法）。

斯特里茨上任后低调地实施了一项计划，其中包括资产减值、重新部署和处置边缘业务。与此同时，他还实施了在公开市场上回购股票的计划。近代史上最出色的一次企业变革由此拉开了帷幕。当大多数商业媒体更关注戏剧性的故事，例如李·艾柯卡（Lee Iacocca）在克莱斯勒不可否认的精湛表现时，迄今为止在行业外鲜为人知的斯特里茨正在以同样明智的方式重塑着罗尔斯顿·普瑞纳公司，这不应该让人感到意外。斯特里茨在1982年致股东的信中公布了这些信息。

在这封信里，斯特里茨概述了他既合理又可靠的战略和战术，其中包括对金枪鱼船、蘑菇业务和欧洲消费品宠物食品业务撤资，这些业务都濒临破产，导致了1.22亿美元的税后费用，相当于每股1.16美元。四大核心业务被确定为公司的三大优势之一，其他两个优势分别是强大的资产负债表和"大量有才华和经验的员工"。公司的缺点是在成熟的市场中经营，增长潜力小，而且旗下还有其他表现不佳的业务。为了充分利用优势，尽量减少或消除劣势，斯特里茨打算尽可能地扩大核心业务，继续撤资计划并在相关领域进行收购。

这些信息应该提醒股东和分析师注意该公司未来可能发生的变化。当然，这类信息每年出现几十次，但大多数都是干打雷不下雨，实际的改革很少出现。但是，当改革确实出现时，投资者应该多加关注。

各项改革举措几乎是同时进行的，首先是剥离资产和回购股票，此外，斯特里茨还设法提高了营业利润率。他在次年致股东的信中提供了改革的信息。根据计划，撤资仍在继续。公司对餐厅的经营进行了改革，在获得创纪录的利润后出售了72家餐厅。斯特里茨利用盈余资金回购了1020万股普通股。他还以股东乐见的方式阐述了他的主要目标：

管理层的主要目标之一是为股东增值，为了实现这一目标，我们力求使股东权益回报率保持在食品行业的前四分之一。此外，我们必须超越竞争对手，赢得市场份额。随着努力成为管理最好的食品公司，我们正朝着这些目标大步迈进。

他的话夸大其词了吗？也许吧。但斯特里茨兑现了承诺，这才是最重要的。该公司1983财年的净利润为2.56亿美元，而1982财年的为6910万美元。若不考虑1982财年由于撤资条款和经营亏损减少的1.281亿美元净利润（将1.281亿美元加回至6910万美元），该公司1983年的净利润增长了30%。

1984年，该公司继续进行改革，剥离了更多的资产，完成了更多的重组。它还进入了新的领域，完成了一次重大的收购。大陆烘焙公司（Continental Baking）是当时一家相当不错的公司，但在市场上表现不佳，斯特里茨想改变这种局面，他做到了。在1984年致股东的信中，他重申了他的目标，指出西海岸一家业绩较差的罐头厂已被关闭。他还指出，餐厅业务的经营得到了持续改善，之前评论员曾得出结论，这项业务准备出售。

最终，斯特里茨在1985年致股东的信中重申了他的改革计划，并再次与股东分享了他对未来的想法，股东们自然对改革结果感到满意。回顾1982—1985年斯特里茨的业绩记录，把它们与此前四年的数据做比较，结果如表12.1所示。

表12.1　罗尔斯顿·普瑞纳公司1978—1985年的部分统计数据

年份	收入 （10亿美元）	每股收益 （美元）	每股股利 （美元）	发行在外的股票数量 （百万股）
1978	4058	1.44	0.50	107.8
1979	4601	1.19	0.58	107.9
1980	4886	1.51	0.64	108.0
1981	5225	1.61	0.72	108.0
1982	4802	1.74	0.78	101.5
1983	4872	2.58	0.84	95.1
1984	4980	2.90	0.92	86.3
1985	5864	3.15	1.00	80.2

数据来源：罗尔斯顿·普瑞纳公司1978—1985年《年度报告》，财年截止日期为9月30日。

从1978年到1981年，罗尔斯顿·普瑞纳公司的每股收益增长了不到12%；从1982年到1985年，每股收益增幅高达81%。该公司普通股的价格从1982年的不足11美元上涨到了1985年的49美元，平均市盈率从7.2提高到了12.4，这表明市场认可斯特里茨的卓越工作。"不要以为好几年之后才能看到罗尔斯顿·普瑞纳公司重组'故事'的最后结局，"1985年8月出版的《价值线》指出，"自1982财年以来，当公司剥离了几项业务并开始回购股票时，其股价就大幅跑赢了大盘。"

一场类似的但或许更富有戏剧性的重组发生在西海湾公司（Gulf + Western，GW）的CEO查尔斯·布卢多恩（Charles Bluhdorn）于1983年初突然去世之后。布卢多恩是当时最精明的商人之一，在他的带领下，西海湾公司从一家地区性的汽车零部件公司发展成为20世纪60年代和70年代最耀眼的企业集团之一。布卢多恩去世时，西海湾公司旗下有派拉蒙影业公司（Paramount）、麦迪逊广场花园（Madison Square Garden）、金融服务联营公司（Financial Services Associates）、几家出版公司、新泽西州锌业公司（New Jersey Zinc）、凯瑟罗斯公司（Kayser-Roth）、联合雪茄公司（Consolidated Cigar）、南波多黎各糖业公司（South Puerto Rico Sugar）和一批机床制造公司，该公司还持有一个包含其他公司大量股份的投资组合。

布卢多恩在去世前就意识到集团化经营的弊端了。公司普通股的价格停滞不涨，为了提振股价，他开始出售一些业务并对其他业务进行了重组。但他推行的举措太少、时间也太晚了。此外，他也不愿意把自己搭建的如此多的产业拆分。显然，这项任务将不得不由他人——一个愿意进行"大洗澡"的人承担。事实证明，他的继任者马丁·S. 戴维斯（Martin S. Davis）出色地完成了这一任务。

说戴维斯是发起人显然有失公平，因为他确实延续了布卢多恩开启的一些变革。但戴维斯走得更远，他卖掉了一些业务，清算了大型投资组合中的部分资产，回购了股票。他所做的与斯特里茨在罗尔斯顿·普瑞纳公司所做的大体上一样。

初看数据，你会觉得该公司的改革成效没有罗尔斯顿·普瑞纳公司的那么令人印象深刻，但仔细分析一番后，你会得出不同的结论。

从数据中可以看出，西海湾公司的规模大大缩减，这令人难以置信，但事实也确实如此。戴维斯出售了虽能带来收入但收益不佳的部门，用所得的资金回购了公司的普通股。在他的领导下，持平的收益也被视为实力的象征，这表明新管理层在实施大规模的重组计划时仍能保持利润。因此，西海湾公司的市盈率从1983年的6.1提高到了1985年的9.2。在接下来的几年里，随着该公司利润的增长，我预计其市盈率会进一步提高。在我看来，这是该公司拥有的最重要的优势之一。

与罗尔斯顿·普瑞纳公司一样，西海湾公司的新管理层在上任后的第一封致股东的信中就概述了他们制订的改革计划。任何人只要有心，就都能看到这些计划。但由于华尔街的人仍然认为查尔斯·布卢多恩发起的任何事项都有陷阱，戴维斯上任后面临的一个重要任务就是建立信誉。他以大胆的举措做到了这一点，这些行动在此后致股东的信件中均有讨论。在上任后第一封致股东的信的开头，他以常见的模糊言辞写道："在西海湾公司25年的发展历史上，1983财年是无与伦比的一年。"然而，在信的结尾处，戴维斯勾勒了公司未来的发展战略（这是人们日后评判他功绩的依据），其中包括把公司重组为三个面向消费者市场的运营集团。戴维斯表示，他计划剥离约20%的业务，并清算公司规模庞大的股票投资组合，用得到的收入削减债务。到现在为止，重组已取得了相当大的进展。该公司已出售了其建筑产品业务和阿灵顿赛马场（Arlington Racetrack），它还计划处置一系列其他业务，所有这些都于致股东的信中做了说明。

于1984年开始实施的改革计划一直持续到了1985年，那时戴维斯又启动了一项重大的股票回购计划。显然，这个由查尔斯·布卢多恩在20世纪60年代和70年代拼凑起来的松散无形的"巨人"正在被重塑得更适应80年代中期的现实。相关数据如表12.2所示。

表12.2 西海湾公司1982—1985年的部分统计数据

年份	收入 （10亿美元）	每股收益 （美元）	每股股利 （美元）	发行在外的股票数量 （百万股）
1982	5332	2.05	0.75	74.01
1983	3993	3.38	0.75	77.25
1984	4182	3.62	0.90	70.04
1985	1759	3.51	0.90	62.27

数据来源：西海湾公司1982—1985年的《年度报告》，财年截止日为7月31日。

　　总而言之，通常情况下，"大洗澡"和/或重组是公司经营即将改善的迹象，这提醒投资者，当公司出现这样的行为时，对其股票进行监测是非常有必要的。

　　我刻意以积极的语调结束本书，因为本书的很多其他内容乍一看可能是消极的。美国企业总是在努力展示自己最好的一面，这是它们的天性之一，使得常常黯淡的现实看起来十分美好。30年来对企业各种材料的探究也许让我对很多事情产生了偏见，但太多时候，我的怀疑变成了一种信念：一切都不是表面上看上去的那样。投资者必须意识到，华尔街不是赌场，他们的资金也不是游戏筹码。

　　任何投资决策都需要承担风险，因为没有风险就没有回报，对此我没有任何异议。萝卜青菜，各有所爱，一些投资者只精通短期国库券，一些投资者则青睐蓝筹股，还有一些投资者喜欢投机低价股，你可能就属于其中之一，当然你也可能喜欢投资其他产品。这都无所谓，重要的是当你做决策时，要尽可能多地搜集和筛选信息，要具有一双熟练的慧眼。

　　本书的目的是为你提供在相关操作中有用的工具和技术。在很多时候，数据已经被计算出来了，你真的没有必要做同样的计算，尤其是到小数点的最后一位。相反，如果你学习如何解读文字，理解数据的意义，并了解它们背后代表着什么，你将如虎添翼，做出更明智的投资决策。

　　还有一点值得注意。股市里的人都知道，现今的交易由大型机构主导。股市中有一些位高权重、薪酬丰厚的大人物，他们把几乎所有醒着的时间都花在了股市上，小投资者常常想知道，他们如何与这些人竞争。他们有这样的担忧可以理解，这也是其中如此多的人从共同基金中寻求庇护的原因——他们只需支付一小笔管理费，就可以让大腕们替他们发号施令了。然而，我相信，个人投资者只要愿意投入相对（机构）较少的时间去进行有效的研究，他们在很多时候都可以比机构做得更好。事实上，如果我不这么认为，就永远不会写这本书。

这有几点原因：这些机构无法在不干扰市场的情况下快速地买入卖出大量股票。由于基金经理面临着做出超出平均水平业绩的压力，他们往往会冒不明智的风险。另一些人则不愿意猜测股价走势，因此从以IBM为首的大蓝筹股处寻求安慰。我总是会回想起前言中所述的美国银行发生的情形，投资组合经理们生活在与群体对抗的恐惧中。在这方面个人可以比机构做得更好。分析师们花了大量的时间观察股票、拜访公司管理层，并与公司里的个人结交，一起吃喝玩乐，在这种情况下，他们很难卖出自己持有的该公司的股票，但小投资者不存在这样的问题。那些运用了本书所介绍的技巧的人只需要打电话给他们的经纪人进行买卖，就能轻松地买进卖出股票头寸了，这正是让许多投资组合经理羡慕的地方。

如果你读完本书后掌握了相关的技巧，每隔几个月就会阅读公司寄来的报告，并能够分析它们的内容，那就说明我的目的达到了。有人问我，我分析年度报告和季度报告需要多长时间。对这一问题我没有明确的答案，因为研究某些公司所需的工作比研究其他公司多。但在一年的时间里，我会翻阅大约500家公司的文件，因此我显然不会在任何一家公司的报告上花几周甚至几天的时间。我猜想那些学会本书所介绍的技巧的读者，只需要大约半个小时或不到的时间就能从一份年度报告，或者只需要15分钟就能从一份季度报告中获得需要的信息。掌握这些信息后，你将可以做出买入或卖出的决策。

没人能告诉你在投资中致富或成功的秘诀，外人能做的就是为你提供做出明智决策的工具，这也是我撰写本书的目的。